CAMILLE LECOQ

LA
RÉPUBLIQUE CLÉRICALE

SOCIALISTES CHRÉTIENS

ET

RALLIÉS

Prix : 1 fr. 50

PARIS

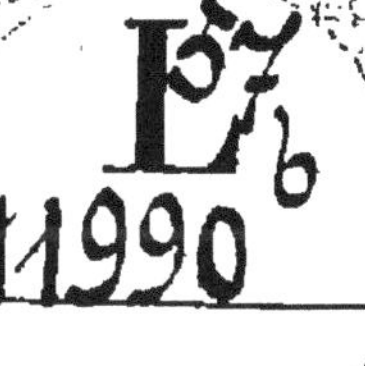

DÉPOT CHEZ LÉON

40, AVENUE DE L'OBSERVATOIRE, 40

—

1898

LA RÉPUBLIQUE CLÉRICALE

CAMILLE LECOQ

LA
RÉPUBLIQUE CLÉRICALE

SOCIALISTES CHRÉTIENS

ET

RALLIÉS

PARIS

DÉPOT CHEZ LÉON

40, AVENUE DE L'OBSERVATOIRE, 40.

—

1898

LA RÉPUBLIQUE CLÉRICALE

NOTRE BUT

En abordant ce sujet, déjà si rebattu, que d'au
cuns qualifient de vieille guitare démodée, nous
n'avons pas l'intention de soulever la question
religieuse ; nous n'avons pas non plus la prétention de disputer ici des mystères et des dogmes ;
nous ne voulons ni nier ni critiquer ces mystères.
nous laisserons à d'autres le soin de juger la bonne
foi des naïfs croyants, ceux qui avalent comme pain
béni le pain transmué en chair.

L'étude que nous avons l'honneur de soumettre
au lecteur est un monument peu solide. peu dura-
ble peut-être, mais étayé de faits indiscutables et
d'opinions d'hommes de tous les partis ; nous nous
attirerons plus d'anathèmes que de contradictions.

En lisant ces lignes, quelque Tartufe pourra
s'écrier : « Il est intolérable que la parole de Dieu
puisse être l'objet d'un doute ; on ne discute pas
avec le Saint Esprit, rien n'est plus logique en
vérité que les bûches de l'Inquisition. » (Encyclopédie.)

Il y a plus de cent ans, Mirabeau avait pu dire
(14 janvier 1791, à la Constituante) : « La religion

n'est pas et ne peut être un rapport social, elle est un rapport de l'homme privé avec l'Infini. »

Nous considérons au contraire la religion et surtout le cléricalisme qui s'abrite derrière elle comme des éléments développant la plus grande activité dans les luttes politiques et sociales.

Notre intention est, en apportant notre modeste part de contribution à l'étude de cette question, de l'examiner sous la forme de puissance de fait immédiat, de fait économique et social; contrairement encore à l'idée développée par Henry George (1) qui prétend que la question sociale n'est au fond qu'une question religieuse, nous entendons démontrer que la question religieuse n'est plus maintenant qu'une question politique et sociale.

Car, ainsi que l'a dit M. Anatole Leroy-Beaulieu, « il y a entre les questions religieuses et les questions sociales une corrélation qui éclate aux yeux les moins investis et cette connexité deviendra plus visible à chaque génération. » Voilà pourquoi nous ne nous arrêterons que rarement sur les pentes abruptes de la philosophie religieuse et nous abstiendrons de toute querelle théologique; d'une discussion théologique ne peut jaillir aucune lumière. La théologie est de tous les puits de science sans base, celui dont le fond échappe le plus facilement à la sonde; il est le plus profond, le plus creux et, d'après Hobbes, le royaume des ténèbres.

Nous étudierons spécialement l'attitude du clergé à l'égard du peuple, nous montrerons son

____

1. La condition des ouvriers. Lettre ouverte au pape Léon XIII par Henry George.

ingérence dans la société civile, son empiétement sur l'Etat laïque; nous le verrons, mû par son esprit de domination, se placer toujours du côté du manche pour écraser le faible, nous le verrons se mettre au service de tous les pouvoirs oppresseurs, suppôt de tous les pouvoirs forts prendre fait et cause dans la lutte de classes pour l'exploiteur contre l'exploité faisant ainsi reculer la morale chrétienne de plus de dix-huit siècles.

Après avoir mis en évidence la répugnance de l'Eglise pour toute innovation, tout progrès et après avoir exposé la question cléricale sous son aspect véritable qui en fait une question d'hygiène sociale, nous essaierons de déblayer la voie tracée par l'auteur de *Ecrasons l'Infâme*, voie maintenant encore obstruée grâce à la complicité d'une bourgeoisie autrefois qualifiée de voltairienne mais qui, pour des raisons que nous développerons, ne mange plus du curé comme sous Louis-Philippe.

Les loups se mangent-ils entre eux?

« Ecrasons l'infâme » avait écrit Voltaire, et une pléiade d'écrivains avides de justice sociale et de liberté s'était mise à l'œuvre et de tout le poids de l'Encyclopédie, avait écrasé le reptile.

La main d'un Bonaparte a recueilli les tronçons de cet être venimeux qu'avait dispersés la Révolution Française; des sutures habilement pratiquées permirent au cléricalisme de réformer un corps plus puissant que jamais.

Pour broyer cette bête nuisible nous ferons passer sur son corps hideux la meule de l'histoire, meule sur laquelle les générations qui se succèdent viennent affûter leurs armes.

L'INGÉRENCE CLÉRICALE

Depuis le régime théocratique, sous lequel les prêtres faisaient les lois, sous lequel le prêtre étant roi, Moïse dictait ses tablettes, époque d'union intime entre le pouvoir civil et le pouvoir religieux, une évolution lente, aussi lente à se dérouler que la succession des faits historiques qui lui est parallèle, s'est faite, tendant à séparer les deux pouvoirs spirituel et temporel.

De la théocratie l'évolution a fait étape au régime de droit divin ; le concordat est une autre étape, relai laissant l'illusion des pouvoirs distincts ; la séparation ne sera qu'un temps d'arrêt qui précédera la phase finale, la suppression de tout pouvoir spirituel.

Alors l'homme pourra se considérer comme roi de la création, dominant les éléments, ayant victorieusement conquis la nature, dernière lutte finale ; alors et seulement alors les inégalités sociales ayant disparu, l'adage de Hobbes : *homo homini lupus*, ne sera plus mis en pratique dans la lutte pour la vie.

Il est d'or et déjà inutile de supputer les chances de résistance que peut offrir la religion et en particulier le catholicisme grâce aux admirables travaux des philosophes du xviiie siècle, grâce aussi à la persévérance de leurs continuateurs, l'esprit humain s'est dégagé, l'homme ne s'hypnotise plus au son des cloches, ne s'endort plus bercé par les cantiques, grisé par l'encens, il a réagi, s'est ressaisi, a déchiré le voile de dogmes dont l'épaisseur le privait de lumière. L'humanité rompt ses liens et prend son essor.

Et c'est précisément parce que l'Église sent le pouvoir lui échapper qu'elle veut rester unie à l'État, faire corps avec lui et peser encore de son reste d'ascendant dans les décisions prises en haut lieu.

Il semblerait que l'union de l'État et de la religion, l'identité par ingérence ait fait son temps; cependant nous avons tenu à nous faire une opinion à ce sujet:

Il est donc intéressant d'étudier et l'empiétement du clergé sur le pouvoir civil et son intrusion dans les questions politiques.

« Mon royaume n'est pas de ce monde » avait déclaré Christ recommandant ainsi à ses disciples tout éloignement du pouvoir temporel, leur signifiant de ne pas intervenir dans les affaires de l'État.

Nous allons examiner en quelle considération cette parole du maître a été prise par les croyants ses disciples et par les pontifes, successeurs de Pierre.

En étudiant le rôle de l'Église sous le règne des empereurs romains nous voyons les évêques prendre pied et chercher à conquérir quelques premiers privilèges.

Les ancêtres de ces pasteurs nouveau modèle prétendaient que la vengeance était plaisir des dieux; aussi l'atavisme l'emportant sur les préceptes de la religion nouvelle, les premiers prélats s'empressèrent-ils pour plaire à leur Dieu de persécuter les païens restés fidèles à la religion de leurs aïeux. « Les empereurs et les bourreaux ont longtemps soutenu les dieux de Rome contre le dieu des chrétiens ; celui-ci, ayant mis dans son parti les empereurs, leurs soldats et leurs bourreaux, est parvenu à faire disparaître le culte des dieux romains (1). »

Les chefs de l'Église exigèrent de Constantin le sacrifice des immeubles destinées au culte du paganisme ; les temples furent brûlés et presque tous rasés.

Sous ce même Constantin, l'empiétement des évêques était déjà tel qu'ils obtinrent un édit leur accordant de grandes prérogatives devant les tribunaux de l'empire ; nous détachons ce passage :

« Que tous les juges reçoivent sans difficulté le témoignage rendu même par un seul évêque et qu'on n'entende pas d'autres témoins lorsqu'une partie a invoqué le témoignage d'un évêque (2). »

Sous le règne de Constantin le catholicisme devint ainsi religion d'État.

D'autres privilèges vinrent sceller l'alliance de l'Eglise naissante et de l'Empire romain en décadence.

Un édit impérial consacra la prépotence du clergé sur l'élément civil, le régime des castes fut de ce chef institué et reconnu dans la chrétienté.

---

1. Le bon sens du curé Meslier.

2. Ce n'est qu'en 1867 que la bourgeoisie capitaliste se décida à abolir l'article 1781 du Code civil accordant aux employeurs le privilège d'être crus sur parole dans les conflits relatifs aux salaires.

Un concile ayant formulé le vœu que les évêques ne fussent plus passibles des lois et de la justice communes, l'empire leur accorda l'inviolabilité et leur permit d'être jugés par leurs pairs.

La main mise du clergé sur le pouvoir est presque absolue depuis Clovis, premier roi chrétien jusqu'à Henri IV.

Quelques velléités d'indépendance telle que l'ordonnance de la pragmatique sanction limitent momentanément le pouvoir papal.

Pour les besoins de la cause de l'Eglise et sur l'instigation des catholiques, Charles IX permet le massacre de la Saint-Barthélemy.

Le Béarnais, le premier, essaya de secouer le joug de l'Eglise : il avait, il est vrai, pratiqué d'abord la religion réformée. S'insurgeant contre la décision du pape qui s'opposait à son mariage avec Marguerite, il fit savoir au pontife qu'il ne tiendrait aucun compte du veto de Sa Sainteté et que toute défense ne pourrait empêcher le roi Henri de prendre sa Margot par la main et de la présenter comme sa femme à ses sujets.

L'Edit de Nantes fut la première barrière opposée aux exigences du clergé ; mais le premier roi libéral paya de sa vie ses tentatives d'indépendance. Le bras de Ravaillac armé par l'Eglise arrêta Henri IV dans ses projets.

Richelieu et Son Eminence grise replacèrent le trône sous la domination de l'Eglise, la Maintenon et le jésuite Lachaise guidèrent la main du roi Soleil qui commit le crime de signer la Révocation de l'Edit de Nantes. Les protestants, détenteurs d'une grande partie des secrets de l'industrie française alors à ses débuts émigrèrent en Allemagne pour échapper aux dragons du roi, la France se ressentit, une fois de plus, de la pression exercée sur le pouvoir par les ultramontains.

Colbert voulut réagir contre l'influence des jésuites, il les expulsa une première fois de France, mais chassés par la porte ils rentrent par la fenêtre ; Louis XV s'en aperçut lors des tentatives des régicides Louvel et Damiens.

Nous arrêtons ici cet abrégé de l'historique de l'action cléricale sur le pouvoir royal, 89 marque la limite de cet ascendant qui ne reparaîtra dans l'histoire qu'avec la rentrée des Bourbons.

Sous le premier empire, en effet, les rôles son renversés ; la religion entre les mains de Bonaparte devient un puissant *instrumentum regni*, récalcitrant parfois ; l'empereur écrivit un jour au cardinal Fesch : « Si le pape persiste à me résister je le réduirai à la condition dans laquelle était le pape avant Charlemagne. »

Dans un chapitre spécial nous passerons en revue les moyens d'action laissés au clergé par la politique du premier consul.

Il nous faut remonter jusqu'à la Restauration pour rencontrer un gouvernement où l'esprit clérical domine autant que sous le régime du 16 mai ; toutefois le dernier des Bourbons a-t-il édicté quelque ordonnance interdisant au clergé de s'occuper de politique ; la coupe devait déborder pour que le ministère de Villèle reconnût les abus dont se rendaient coupables les évêques et les curés.

Aussi, le lendemain des trois glorieuses, lorsque le peuple eût chassé du Louvre Charles X et ses jésuites, la réaction se fit sentir : la Chambre des députés vota l'exclusion des prêtres des conseils généraux. C'est à ce moment que Lamennais, Lacordaire, Montalembert se séparaient du Vatican et que Lamennais, poussant le libéralisme jusqu'à l'apologie de la révolution, écrivait : « La révolution dissout peu à peu ce qui forme un obstacle à l'action réparatrice du principe vital. C'est la tempête qui purifie l'air, c'est la fièvre qui sauve le malade en expulsant ce qu'il y a de vicié dans son organisation. » Malgré le libéralisme qui se dessinait dans les faits et gestes du clergé, Lacordaire dut, avant de monter en chaire, abandonner sa robe de dominicain, et l'abbé Combalot, pour avoir critiqué l'enseignement, fut condamné à quinze jours de prison et 4.000 francs d'amende. Sous la seconde république le clergé continua à empiéter sur les pouvoirs civils et put imposer à la démocratie la loi de Falloux du 10 mars 1850 remettant l'instruction aux mains du prêtre.

Après le coup d'Etat, le parti clérical qui ne se jugeait pas suffisamment payé de sa complicité dans le crime du 2 décembre ne tarda pas à regretter les Bourbons ; il ne se gêna point pour afficher ses préférences. Le Provost de Launay, préfet d'Orléans, dut reprocher à l'évêque « d'offrir un drapeau aux ennemis du gouvernement auquel il devait son siège ».

Delangle, garde des sceaux, envoyait aux sous-Baroche une circulaire commençant ainsi :

« Depuis quelques temps divers membres du clergé sont signalés comme traitant publiquement et dans l'exercice de leurs fonctions, soit verbalement soit par écrit, des matières que la loi interdit expressément de discuter,etc. » Dans cette circulaire le ministre de la justice charge les procureurs généraux de déférer à la juridiction compétente les prêtres qui se livrent à la critique des actes du gouvernement.

Le domaine civil a été par la suite plus envahi sous la 3ᵉ république,mais cette instrusion devait amener une répression moins sévère.

LE CLERGÉ

AU SERVICE DES POUVOIRS FORTS

Après avoir lu dans Tocqueville cette menace insolente : « Il faut qu'un peuple croie ou qu'il serve, » le plus sérieusement du monde un professeur au collège de France M. Paul Leroy-Beaulieu a pu écrire : « On a le droit de se demander s'il peut y avoir un peuple libre sans foi à Dieu. »

La foi, bonne foi de M. Leroy ne peut être mise en cause; la foi chez d'autres naturellement aveugle est chez cet économiste aveuglée par l'habitude de défendre les intérês des détenteurs de grandes fortunes.

M. Leroy nous paraît ébloui par la magnificence de l'or contenu dans les coffres-forts auprès desquels il monte la garde; ses yeux ne peuvent apercevoir la liberté s'épanouir que sous des gouvernements à poigne dont ses patrons successifs les Constans, Dupuy, Barthou nous ont offert des échantillons.

Souvent il arrive à ces messieurs de l'économie politique orthodoxe d'avoir à soutenir des paradoxes de ce genre. Les économistes indépendants ont réduit à leur juste valeur toutes leurs plaidoiries en faveur du culte du veau d'or.

Pour défendre une cause si mauvaise soit-elle encore faut-il présenter des arguments sérieux, les économistes à la solde de la haute banque en trouvent dans leurs œuvres seulement, habitués qu'ils sont, pour plaider la cause de leur science officielle, d'avoir recours à des relations de faits controuvés ou d'étayer leur argumentation de rapports et statistiques qu'eux-mêmes sont chargés de faire et qu'ils dénaturent et maquillent pour les besoins de leur cause.

Mais lorsque les professeurs attitrés de la bourgeoisie reçoivent de leurs maîtres l'ordre de soutenir le régime des abus, ils n'ont garde d'ouvrir l'histoire dont l'enseignement et la philosophie se retourneraient contre eux.

La méthode historique, basée sur l'observation des faits que rapporte l'histoire a, sur les moyens dont se servent nos adversaires, l'avantage d'être plus scientifique; elle permet aussi de tirer des déductions reposant sur des bases sérieuses.

L'histoire en main il nous sera inutile de remonter avant 89 au temps de monarchie de droit divin, où les rois prétendaient tenir leur pouvoir de Dieu pour démontrer que la religion et l'idée d'un maître absolu ne servent qu'à couvrir en monarchie la tyrannie des soi-disants serviteurs de cet être imaginaire, et en république sous le joug liberticide des pouvoirs forts asservir les humbles et briser dans l'œuf toute velléité d'indépendace.

Ce n'est qu'une arme de plus dans l'arsenal de l'État, il emploie le prêtre pour circonvenir le peuple et gouverner les consciences. Telle était à la veille de la Révolution l'opinion de l'abbé Raynal :

« L'État ce me semble, écrivait-il, n'est pas fait pour la religion, mais la religion pour l'État. »

Cet abbé était un de ces rares prêtres qui, entraînés par le courant révolutionnaire, avouaient que la religion n'était pas au service du droit, le droit divin étant antagonique du droit des peuples.

Mais d'autres curés prêchaient ouvertement la guerre civile en Vendée, d'autres étaient dans le camp de Brunswick conduisant l'ennemi à Longwy et à Verdun, guidant l'envahisseur dans les chemins de l'Argonne; pour ces prêtres tous les procédés étaient bons pour renverser la République : l'invasion, l'écrasement de la patrie étaient leurs moyens.

A cette époque de la révolution les massacres de septembre n'avaient pas encore éloigné les ministres du culte; mais l'affinité du trône et de l'autel les poussait à s'allier à l'ennemi de la France républicaine pour replacer la couronne de France sur la tête d'un roi traître à la patrie.

Malgré les affirmation de Tocqueville et de M. Leroy ce fut durant la période révolutionnaire que les plus nobles aspirations vers la liberté ont permis au peuple dans un élan héroïque d'éclairer le monde au flambeau de la sainte liberté alors que contre cette liberté conspiraient rois, nobles, prêtres non pas par devoir mais par intérêt de caste.

Si M. Leroy-Beaulieu s'était donné la peine de consulter l'histoire de France il eût appris que l'invasion de 1792 avait été arrêtée à Valmy par une armée de va-nu-pieds et de paysans révolutionnaires; il n'eût pas attribué à la foi en Dieu la déroute de l'ennemi dans le défilé de l'Argonne. L'armée des croyants n'était pas dans le camp de ceux qui des Français avaient fait un peuple libre ; ni la foi ni les armées permanentes n'ont sauvé la patrie, une autre foi encourageait jusqu'à l'héroïsme les volontaires de 92, leur foi en la révolution qui, faisant de la France la tête de colonne de l'humanité, la maintenait victorieuse contre les armées chrétiennes coalisées pour rétablir le trône et l'autel.

Bonaparte apprécia tout le parti qu'il pouvait tirer des pouvoirs occultes du clergé.

La religion est le premier des préjugés que le peuple français doit vaincre, avait dit le Bonaparte de 1797. Lafayette dans ses mémoires, tome V, p. 184, rapporte les paroles suivantes prononcées par le même Bonaparte en plein Conseil d'Etat : « Avec mes préfets, mes gendarmes et mes prêtres je ferai tout ce que je voudrai, » et dans cette nouvelle police sont embrigadés les anciens curés conventionnels qui avaient trop à gagner à défendre la cause du tyran : la loyauté n'est pas de longue durée auprès du clergé qui, avant tout, veut dominer qu'importe le parti auquel il devra tendre la main ; c'est la raison pour laquelle toujours il a été l'allié des oppresseurs, les opprimés ne pouvant lui être d'aucune utilité, d'aucun concours, si ce n'est l'avantage qu'il peut retirer d'une passivité résignée.

Thibeaudeau, cet autre conventionnel, mort sénateur de l'Empire, nous rapporte dans ses mémoires que Napoléon l'invitait souvent à sa table ; pendant une des rares trêves dans une des villégiatures de l'empereur à la Malmaison, Thibeaudeau émettait un avis sur la façon de gouverner les peuples ; Napoléon lui répliqua : « Il faut une religion au peuple comme il faut un frein aux chevaux. »

Trente ans plus tard ce frein était démodé ; le jésuitique, quoique protestant Guizot jetait aux bourgeois ce conseil : « Le travail est un frein, » et aux ouvriers qui demandaient à vivre en travaillant ou mourir en combattant, cette recommandation stupide et hors de propos : « Enrichissez-vous. »

La bourgeoisie voltairienne de la monarchie orléaniste s'était émancipée de toute croyance religieuse, mais proclamait la nécessité d'une religion pour le peuple, la religion lui était utile pour l'aider à tenir le prolétariat en échec.

Appliquant le précepte de Napoléon Ier : « Il faut une religion au peuple et il faut que cette religion soit dans la main du gouvernement, » les représentants de la bourgeoisie censitaire s'efforçaient de maintenir l ouvrier et le paysan sous la domination du prêtre espérant par ce moyen reculer le moment de l'émancipation politique des masses et à plus forte raison l'émancipation économique de l'ouvrier.

Leurs pères avaient demandé le concours du prolétariat pour renverser la Bastille et l'ancien régime, pour s'affranchir et ces fils des marchands de 88, ces héritiers de la bande noire qui avait volé le paysan en lui vendant cher les biens des émigrés qu'ils avaient acquis à bon compte, ces enrichis s'efforçaient de maintenir sous la tutelle de l'Eglise leurs anciens alliés à qui étaient refusés le pouvoir politique, l'émancipation économique.

Tout en comprimant la conscience par le secours du prêtre, les Homais se retranchaient derrière le pouvoir d'un être métaphysique pour diriger l'exploitation de l'homme par l'homme. Le pape prêtait alors son concours moral à l'oligarchie

capitaliste et pour délivrer les agioteurs des scru-
pules bien problématiques qui pouvaient persister
dans leur conscience rendait le 18 août 1830, c'est
à-dire au lendemain de l'avènement de la bourgeoisie au pouvoir un arrêt prescrivant aux con-
fesseurs de ne plus inquiéter les usuriers ; le chef
de l'Eglise couvrait de ce fait les grands voleurs
du siècle, leur disant pour ainsi dire : Ne vous
gênez donc pas, imitez la haute banque juive.

La bourgeoisie et le clergé conspiraient de pair,
s'entendaient comme larrons en foire.

« Les curés avait déjà écrit Bignon, forment une
gendarmerie sacrée et l'archevêque Affre, très mal
en cour en 1847 dénonçait cette complicité : ces
gens là ne voient dans la religion qu'une machine
gouvernementale. »

La république de 48 effrayée par les revendica-
tions prolétariennes accepta, scella un traité
d'alliance avec le clergé. Le goupillon dans une
comédie burlesque entra en scène ; le clergé
arrosa d'eau bénite les arbres de la liberté plantés
le 24 février ; les arbres en sont morts et le liberté
aussi.

La poussée démocratique effraya les cléricaux
qui, craignant pour leurs privilèges le sort que
leur avait réservé 93, poussèrent le gouvernement
aux journées de juin.

Le prolétariat parisien avait renversé Louis-Philippe, les échos de cette victoire populaire avaient
en se répercutant à l'étranger fait trembler sur
leur trône les monarques d'Europe ; il était urgent
de les rassurer, de ne point les abandonner à leur
terreur : l'Eglise était sur le point de perdre ses
plus fidèles soutiens, aussi mit-elle le holà à ce

qu'elle appelait la démagogie ; elle évoqua le spectre rouge.

L'internationale noire suscita la repression sanglante de juin ; des milliers de Parisiens furent massacrés ou envoyés à la guillotine sèche de Lambessa ou de Cayenne.

La politique cléricale l'emportait.

Les traitements suspendus par les ministres de Louis-Philippe furent rétablis, les curés déplacés rentrèrent dans leur presbytère ; cette république se servit pour sa conservation des mêmes soutiens qui avaient maintenu longtemps les régimes déchus.

L'Eglise reprenait son ascendant, comme corollaire la démocratie était écrasée ce qui ne va pas l'un sans l'autre, car « toutes les forces qui sont données à l'Eglise, de quelque côté qu'elles lui arrivent, sont, par la nature même des choses, dirigées contre le principe même de la démocratie (1). »

La bourgeoisie avait à son service le *sabre* de Cavaignac, elle avait forgé des lois oppressives et il lui fallait encore l'aide de la domination stupéfiante du clergé sur les consciences.

Les cléricaux n'étaient pas dupes des menées gouvernementales. L. Veuillot, le célèbre écrivain ultramontain, récriminait, accusait les prélats de manquer de dignité en prêtant leur ascendant aux intérêts d'un gouvernement républicain ; dans une lettre adressée le 2 mars 1849 à Mgr Rendu, évêque d'Annecy, Veuillot accuse le gouverne-

---

1. Edg. Quinet. *Enseignement du Peuple.*

ment de la république de ne voir dans le clergé qu'un corps de gendarmes en soutane.

Ne pouvant gouverner, le parti clérical s'était mis au service du **gouvernement** républicain devenu oppresseur, s'était **abrité derrière** lui, et pour récompense de ses attentions avait obtenu la campagne de Rome et le maintien d'une garnison française dans la ville sainte.

La seconde république répudiait les traditions révolutionnaires que lui avait léguées son aînée; la bourgeoisie de France soutenait le royaume temporel du pape contre une armée qui combattait pour l'unité et l'indépendance de la patrie.

L'action déprimante du clergé avait faussé les ressorts de l'énergie républicaine. A force de génuflexions un jour la république ne put se relever; elle était sous la botte d'un César et ces mêmes prêtres qui avaient arrosé d'eau bénite les arbres de la liberté chantaient quatre ans après des Te Deum en l'honneur de l'usurpateur, du parjure.

Alors tous les suppôts de pouvoir s'étayèrent mutuellement pour mieux asservir; armée, clergé, magistrature, rampèrent aux pieds du despote qui leur signifiait ses ordres. A Bruxelles et sur son rocher des îles anglo-normandes V. Hugo a brossé de main de maître un tableau de la vénalité, des ignominies du clergé du coup d'État; il a flagellé d'un bras vigoureux les prêtres de cette époque et leurs œuvres basses, l'horreur, le dégoût, le mépris ont inspiré au poète un chef-d'œuvre vibrant de courroux inexorable.

Essayer de le compléter ou de le retoucher serait un sacrilège, une profanation du beau et du juste.

Comme son oncle, Napoléon III rechercha l'aide du prêtre ; au pied du trône, dans la boue et le sang celui-ci offrait son aide au nouveau pouvoir, se servant de la chaire et du confessionnal pour maintenir dans le devoir, c'est-à-dire dans la servitude, les sujets de l'empereur, arrachant à la femme les secrets du mari qui sur les pontons allait rejoindre des honnêtes citoyens qui avaient à la face du Bonaparte craché leur mépris et n'avaient pu contenir la répulsion que leur inspirait l'assassin. Selon l'expression de M. H. Depasse (1) la religion devint une police, la sacristie une succursale de gendarmerie.

De même que les maréchaux, chefs de cette soldatesque qui assassina les passants du boulevard Montmartre, les cardinaux furent de droit nommés sénateurs de l'empire, cumulant les deux traitements. Maréchaux et cardinaux avaient également droit au digne honneur de ce siège d'infamie.

En plein Sénat, pour ne pas se laisser devancer par Canrobert un cardinal archevêque s'est écrié : « Mon clergé est comme un régiment, quand je commande il marche. »

Il est vrai que, le 4 septembre, ce Sénat déposé le long de la constitution impériale s'effondra dans sa pourriture sans que la justice du peuple passât par là.

Inutile ici de vouloir stigmatiser plus longtemps la conduite du clergé du second empire, sa bassesse répugnait à Napoléon lui-même ; l'empire des dernières années tenait les blouses blanches en plus haute estime que soutanes noires.

---

1. Hector Depasse. Le cléricalisme.

Après la défaite de la Commune, comme après les journées de juin 48, le prêtre reprit sa prépondérance ; des gages lui furent donnés par le gouvernement de l'homme de la rue Transnonain revenu au pouvoir ; il fallait encore rassurer la réaction qui avait pris peur, il fallait aussi récompenser le zèle et la lâcheté de ces êtres vils capables des plus sales besognes.

Comme au lendemain du coup d'État les prêtres servirent le pouvoir fort, ils furent les plus fervents parmi les délateurs. Le clergé était brouillé avec les préceptes de la primitive Église.

Se prêtant un mutuel concours, l'Église et le pouvoir civil marchent dorénavant la main dans la main ; il est bien loin ce temps dont nous parle le déiste Pierre Leroux : « Celui qui n'était pas content du despotisme de la société appelée temporelle se mettait à l'abri dans la société spirituelle et à l'abri de toute façon, car le clergé le préservait et lui donnait une existence sociale d'un nouveau genre ». C'est à supposer que l'humanité a rétrogradé depuis Numa. Sous le règne du second roi de Rome la religion offrait des asiles, des bois sacrés ; mais n'en déduisons pas que l'humanité recule, ce sont les religions qui régressent ; aux premiers temps de Rome le prêtre protégeait le faible, offrait au persécuté l'asile inviolable ; sous la troisième République, avec des raffinements de cruauté les prêtres font procéder aux massacres de ceux qui se mettent en dehors de la légalité (1).

1. C'est un prêtre qui dans un café de la rue Lafayette ayant reconnu Varlin le dénonça ; ce misérable mouchard, se rappelant la douloureuse ascension du Christ au Calvaire encouragea les

Bien qu'elle ne pût tomber d'accord sur le choix d'un candidat au trône de France la réaction était quand même toute-puissante. L'assemblée nationale qu'un ministre réactionnaire (1) devait appeler assemblée de malheur, élue pour procéder aux préliminaires de la paix détenait illégalement le pouvoir. La plus grande satisfaction était donnée au clergé pour rémunération de son concours aux basses œuvres antidémocratiques. L'assemblée de Versailles, reconnaissante envers les curés qui avaient joué le rôle des oies du Capitole en dénonçant le péril démocratique fit procéder en ex-voto à l'édification du Sacré-Cœur de Montmartre dont la disgracieuse maçonnerie semble aujourd'hui comme un défi jeté à l'art et à la pensée.

La capitale du monde civilisé conserve ce souvenir du petit homme d'État qui a dit : « La république sera conservatrice ou ne sera pas. » Puissions-nous un jour avoir un gouvernement qui nous débarrasse de cet affreux entassement de moellons élevés au culte de la superstition.

Ce rapide historique du rôle de l'Église dans les luttes politiques et sociales est un enseignement dont le but immédiat est de mettre en garde les républicains sincères. Aux indifférents et à ceux qui ont gardé quelque illusion sur le rôle du clergé nous recommandons de méditer la conduite

---

soldats à prolonger le supplice du prisonnier qui vaincu, n'avait pas été pris les armes à la main. Varlin était coupable : il avait fait partie de la même assemblée que M. Méline. Ce dernier lui aussi membre élu de la commune de Paris était rassuré ; il avait fait comme les curés, il s'était placé du côté du manche.

1. Beulé ministre de l'Intérieur.

des hommes d'Église pendant le siècle qui s'achève.

Qu'une active propagande se fasse dans ce sens, que l'on sache enfin que le vase des iniquités du clergé déborde ; que tous les gens aux sentiments élevés, tous les hommes qui veulent voir cesser la lutte des classes que tous ceux qui constatent avec amertume qu'ici-bas une partie de l'humanité est exploitée au profit de l'autre que tous les honnêtes gens en un mot proclament qu'il est temps, que le moment est venu de mettre ce suppôt de tous les pouvoirs, le complice de toutes les oppressions hors d'état de continuer la sinistre besogne qu'il accomplit à l'encontre de toute liberté, de toute justice sociale.

LA MORALE DE L'ÉGLISE

En dehors des signalés services que le clergé est à même de rendre à tout pouvoir réactionnaire, il en est un qui est d'un précieux concours à la politique de la bourgeoisie capitaliste qui, pour le moment, est à la tête des affaires.

De complicité avec le prêtre qui infuse aux enfants une morale néfaste, l'oligarchie financière retarde autant qu'elle peut le moment où les fils d'ouvriers et de paysans se diront un jour : mais comment se fait-il donc que les délégués de la féodalité capitaliste et les gros propriétaires conservent si longtemps le monopole du gouvernement de la France !

C'est que la coterie des agioteurs, les députés à la solde de la finance juive ou autre, tous ceux qui ont trempé dans le chemin de fer du sud et le Panama, et dont les noms sont sur toutes les lèvres, malgré le sacrifice de quelques boucs émissaires, coutume juive, tout ce monde-là aujourd'hui tout-puissant au parlement, craint que le prolétariat de la ville et des champs ne fasse son éducation politique; il redoute qu'après s'être compté, se sentant la majorité le peuple ne veuille enfin gouverner à son tour et suivre l'exemple des aînés de 89 qui chassèrent du pouvoir les nobles et prêtres les dirigeants et maîtres qui n'avaient souci que de leurs intérêts de classe.

N'en est-il pas de même aujourd'hui? Ne voit-on pas dans le même camp la noblesse, la haute banque et le clergé?

Ce dernier a pour mission de retarder l'évolution lente des idées de progrès; il est chargé de contribuer par ses basses manœuvres et sa morale, la morale dite chrétienne, à maintenir le peuple en tutelle.

Il est nécessaire d'examiner cette morale afin d'en dénoncer les tendances.

« A-t-on pour la morale besoin de Dieu, cette hypothèse? disait Condorcet. Les prêtres ont tenu à mêler Dieu à la morale; cet amalgame leur a fourni la morale chrétienne (1).

Les grands principes de philanthropie, de communisme dont se targuent les prêtres et dont furent seuls imbus les premiers chrétiens ne sont-ils pas développés avant Christ par Senèque dans *de vita beata, de ira, opem ferre etiam inimicis, de otio sapientis* et la solidarité a-t-elle eu de meilleurs défenseurs que Platon et Socrate?

Avant Christ un sage de la Grèce avait préco-

---

1. L'ignorance des pontifes et des conciles, sur tout ce qui regarde la morale, a égalé celle du forum et des préteurs; et cette ignorance profonde de la société et du droit est ce qui a perdu l'Eglise et qui déshonore à jamais son enseignement. Du reste l'infidélité a été générale, toutes les sectes chrétiennes ont méconnu le précepte du Christ; toutes ont erré dans la morale, parce qu'elles erraient dans la doctrine; toutes sont capables de propositions fausses, pleines d'iniquités et d'homicide. Qu'elle demande pardon à la société, cette Eglise qui s'est dite infaillible, et qui n'a pas su conserver le dépôt; que ses sœurs prétendues réformées s'humilient... et le peuple, désabusé, mais clément, avisera, (Proud'hon. *Système des contradictions économiques.*)

nisé la solidarité de tout le genre humain, et en s'affirmant non seulement Athénien mais encore grec et qui plus est citoyen du monde, ce sage avait semé l'idée de solidarité internationaliste dont le développement devant la Convention avait valu à Anacharsis Clootz le titre [de citoyen français.

Sénèque avait écrit la lettre à Lucilius dans laquelle nous trouvons ce passage : Ils sont esclaves dites qu'ils sont hommes, ils sont esclaves dites qu'ils sont nos compagnons de fatigue, dites qu'ils sont pour vous d'humbles amis. Sénèque affirmait les premiers principes de l'égalité.

L'Église au contraire, et il faut lui rendre cette justice, n'a pas changé d'opinion à l'égard de l'esclavage. Elle a soutenu et maintenu cette iniquité autant qu'il a été en son pouvoir. Au xviii° siècle les efforts de Voltaire joints à ceux du petit avocat de Saint-Claude ont enfin rendu la liberté aux derniers serfs auxquels les religieux du Jura refusaient la manumission.

La morale chrétienne a prêté son concours au maintien en esclavage d'une partie de l'humanité et récemment encore les nations qui les dernières ont affranchi les derniers esclaves sont des nations chrétiennes : l'Espagne dans ses colonies et le Brésil l'une des républiques les plus catholiques de l'Amérique méridionale.

Du reste, en Europe, la Russie est le pays où le servage soit resté le plus longtemps en vigueur; il est vrai que l'empereur détient le pouvoir spirituel; le grand ami de F. Faure est pape de tous les popes de Russie et de Sibérie.

Voilà dans cette première lutte de classes, dans

cette rude lutte de l'esclave contre le maître comment s'est comporté le clergé.

L'Eglise s'était éloigné des principes de justice et de fraternité ; loin de repousser l'esclavage elle en tire profit ; avant Louis XVI le clergé, autant que le seigneur, opprime le vilain, ne soyons donc pas surpris de voir l'Eglise continuant son rôle historique, mettre ses entraves à la disposition de la classe dominante, la bourgeoisie dont les forces déclinent précisément en raison directe des efforts qu'elle fait pour conserver ses privilèges. Autrefois et maintenant l'Eglise « pour rendre son absolutisme encore plus funeste s'est liée à un parti politique et à des institutions que le monde repousse, ce n'est plus de religion qu'il s'agit mais de la domination du monde (1). »

Jusqu'ici nous avons entamé à peine le procès de la morale chrétienne, nous le mènerons jusqu'au bout. Nous devons dénoncer cette morale d'esclaves et, si l'on nous accuse de prêcher la haine, que l'on sache que c'est vers les principes seuls qu'elle se tourne ; car il est impossible de rendre les hommes responsables fussent-ils prêtres ; nous n'en voulons qu'aux institutions mauvaises qu'à la morale, aux principes néfastes sur lesquelles elles reposent.

Si nous attaquons avec véhémence la religion c'est parce que nous avons le certitude qu'elle ne stimule aucune des énergies actives de l'homme et ne le forme à aucune des vertus viriles, la résignation voilà ce qu'elle enseigne. « On vous frappe

1. Minghetti.

sur la joue tendez l'autre, réjouissez-vous d'avoir faim, d'être opprimé, Dieu vous paiera de tout cela (1). »

Soumission, résignation ! Allons, les humbles, les soumis, les vaincus de la vie, à genoux ! et vous les opprimés les exploités ne relevez pas la tête, c'est la volonté de Dieu. C'est la volonté de Dieu qui envoya l'archange Michel écraser le démon, c'est aussi notre volonté s'écrient ceux dont les Lebel firent miracle à Fourmies en tuant le démon populaire caché sous les traits d'une jeune fille de seize ans Maria Blondeau morte, tenant à la main un bouquet.

L'humanité n'admet plus la morale du prêtre, elle repousse toute idée de résignation ; l'histoire de ce siècle qui n'est que le martyrologe du prolétariat apprend aux exploités à ne plus se prêter docilement au joug de la misère et à résister à la domination des puissants.

Le sens le plus âpre de pauvreté ne doit plus être dépendance.

Voilà pourquoi, dans une pensée commune, nous honorons la mémoire des victimes de la bourgeoisie opportuniste, les fusillés de Fourmies et celle des héros morts pour l'indépendance de la conscience, les Gordano, Bruno, Savonarole, Jean de Leyde, E. Dolet, Callas, de la Barre, etc., sans excepter Servet brûlé vif à Genève par les protestants rivalisant dans le crime avec les catholiques.

Il est un point cependant sur lequel la morale chrétienne est en contradiction avec celle qui se

1. Ch. Bigot. *Les classes dirigeantes.*

dégage des enseignements des économistes bourgeois.

Ces derniers et toute l'école du laisser-faire, laisser-passer, voient dans le travail, en dehors des dividendes qu'il rapporte aux actionnaires, un frein qui arrête toute tentative d'indépendance; ces sophistes savent en effet qu'un citoyen qui travaille douze et quatorze heures par jour n'a guère le temps de s'occuper des questions politiques et sociales. La religion au contraire flétrit le travail; il est pour elle un signe de réprobation; c'est par punition, nous apprend l'Ancien Testament, que les enfants d'Adam mangent leur pain à la sueur de leur front.

La chrétienté sanctifie la paresse et tient en grande estime les oisifs qui mènent une vie contemplative, tels les moines du Mont Cassin qui, comme les fakirs des Indes passent leur temps à s'hypnotiser dans la contemplation de leur nombril. Les païens avaient au moins sur le christianisme l'avantage de diviniser la terre. Cybèle, Cérès, Pomone étaient des déesses de l'agriculture; Isis, une des divinités égyptiennes, symbolisait la terre féconde; nos curés ne peuvent nous offrir en échange que les rogations, mascarade grotesque qui ne rappelle qu'imparfaitement une des cérémonies du paganisme.

« Le catholique n'aime pas le travail, il le dédaigne et le maudit, il le regarde comme la suite de la déchéance, comme le châtiment de la faute du premier homme, le catholique considère le travail comme une expiation imposée à l'humanité. Il n'a guère canonisé de travailleurs, mais en revanche combien a-t-il canonisé de glorieux fainéants, ermites enfouis dans leur crasse (1). »

Nous devons toutefois reconnaître en toute justice qu'il est un travail très en honneur chez les catholiques : le travail des couvents, nom derrière lequel s'abrite la malhonnête et abusive exploitation de recluses et d'hospitalisées par des communautés religieuses. Ces dernières tirent profit de l'abandon dans lequel se trouvent de malheureuses fillettes pour leur faire effectuer des travaux qui, mal rémunérées viennent comme celui des prisonniers concurrencer et, par le fait, déprécier le travail des salariés.

Les critiques qu'ont soulevées la morale et le travail des communautés religieuses ne sont que trop justifiées.

Certaines révélations sont suggestives entre autres celle du comte de Hœnsbrœck qui, écœuré par ce qu'il voyait se passer dans la congrégation dont il faisait partie, s'est converti au protestantisme, la morale chrétienne a été l'une des causes principales de ce renoncement, l'apostat la repousse parce qu'elle joint l'orgueil le plus féroce à l'humilité la plus basse, la simplicité la plus enfantine à la fausseté la plus raffinée, la piété la plus éclatante à l'impiété la plus cynique.

Avec la plus grande désinvolture la religion chrétienne fait mépris des liens de famille. Les écrits des Pères de l'Eglise et les annales de la chrétienté fourmillent d'exemples édifiants.

Saint Jérôme et saint Basile sont des ennemis acharnés de la famille; *les ascétiques* de saint

____

Bigot, *loco citato.*

Basile et *le traité pour la conduite du solitaire* sont de véritables diatribes contre l'esprit de famille. Ce même concile qui, à la majorité d'une voix seulement, accordait une âme à la femme formulait cette injonction : « Un bon chrétien doit se dépouiller entièrement de toute affection que la chair et le sang pourraient lui inspirer pour ses parents. »

De nos jours le doyen d'une Faculté de théologie (1), prêchant l'insoumission, prétend que les enfants sont dispensés d'obéir à leurs parents quand ils leur commandent des choses contraires **aux** lois de l'Église.

Peut-on s'étonner qu'imbus d'une pareille morale, des enfants, leur majorité accomplie, s'empressent, sans l'assentiment de la famille, de prendre le froc ou le voile; les parents alors regrettent un peu tard d'avoir confié l'éducation de leurs enfants à des accapareurs de consciences et de dots, surtout de dots, car les portes des couvents, s'ouvrent plus facilement aux filles qui apportent une forte somme qu'à celles qui n'ont comme recommandation que leur vocation. Il est fait cependant quelques exceptions au profit de pauvres femmes dont le nom éblouit encore certains faibles d'esprit et jettent de ce fait un peu de prestige sur la communauté; c'est ainsi que, grâce à la légende de Louis XVII sauvé du Temple, la princesse de Bourbon-Naundorf a pu pénétrer dans un couvent de Bordeaux.

Que l'Église en effet ne vienne plus nous parler du mépris des richesses, elle apprécie trop bien le pouvoir par elle conféré.

1. M. Babin, doyen d'Angers.

Dans le temple où l'on chante les louanges de Celui qui a chassé les marchands du temple se reflète le culte de l'idole de la société capitaliste, le veau d'or (1). Au milieu de l'office, lorsque les fidèles sont plongés dans le plus profond recueillement, le bruit des espèces, trébuchantes et sonnantes, la quête évoquant la dîme, les rappelle à la réalité. Les troncs qui souillent les murs, les bancs et les chaises louées tout rappelle le cynisme des trafiquants. Conséquence de cet appât du gain développé à l'excès chez les hommes d'église, l'égalité, après la mort, se trouve faussée; dans les églises urbaines où l'on officie à plusieurs autels simultanément, l'œil est frappé par la différence d'apparat et de luxe déployés selon que la famille du défunt fait plus ou moins tomber d'argent dans l'escarcelle du prêtre.

Lors de la visite d'une église au moment de l'office des morts une impression de pitié se dégage et cette impression s'impose au croyant comme à l'athée ; chacun est obligé de constater que là où se célèbre le culte de celui qui naquit dans une étable, l'inégalité des vivants devant la loi devient après la mort l'inégalité devant la religion.

Cet esprit de lucre ne contribue pas peu à saper le sentiment religieux dans la conscience du public qui traite couramment le curé de charlatan, l'accuse d'exploiter la naïveté et d'entretenir la superstition tout en faisant du haut des chaires des boniments

_____

1. Le capital est devenu religion, c'est pourquoi il produit tout à fait les mêmes phénomènes, le même renversement, le même bouleversement, dans tous les rapports économiques, que produit la foi dans le monde religieux, au point de vue des rapports naturels. (Ferdinand Lassalle, *Capital et Travail*.)

comme en font du haut de leurs voitures les charlatans afin d'écouler leurs remèdes à prix très
élevés ; les charlatans comme les prêtres portent
des costumes excentriques et se font accompagner
d'orchestre ; les uns ont le tambour et les cuivres,
les autres, l'harmonium et les orgues; mais soyons
charitables, ne tournons pas la religion en ridicule:
en France le ridicule tue, nous avons d'autres
armes, le libre examen et l'éducation des masses.

LA CHARITÉ CHRÉTIENNE

Au moyen âge peut-être la charité chrétienne avait ses raisons d'être ; les disettes étaient fréquentes, le seigneur et le curé faisaient lourdement peser leurs droits sur les épaules de l'artisan et du paysan, la misère atteignait le producteur, et l'oisif, comme aujourd'hui, était à l'abri. Des religieux, moines quêteurs ou mendiants frappaient à la porte des châteaux et soit dans les profondeurs de la besace, soit déposée dans le fond d'une hotte, l'aumône du seigneur sous forme de pain ou de reliefs de festin était rapportée au couvent.

Là les religieux prélevaient d'abord pour eux ce qui était à leur convenance puis faisaient aux serfs la distributions des restes. C'est ainsi qu'autrefois était pratiquée la charité chrétienne, l'assistance des pauvres

Malgré l'immoralité d'une sollicitude s'exerçant ainsi, les malheureux que la famine réduisait à la mendicité appréciaient cependant les services que rendait le patronage de l'Église.

Aujourd'hui le rôle social de la noblesse est terminé mais les dévots comme autrefois se targuent encore de charité et par leurs mains se canalise l'aumône de la noblesse actuelle, l'aristocratie de l'argent.

Mais autrefois les secours étaient accordés à tout indigent venant au porche du couvent tendre la main, il n'en est plus de même de nos jours.

Voyons comment se pratique dans les villes l'assistance.

Tel ouvrier jusqu'à soixante ans a fourni un travail régulier, le patron l'a gardé jusqu'à cet âge le jugeant apte au service; mais les forces ont décliné et l'employeur a jeté brusquement le salarié sur le pavé, c'était son droit, lui ayant donné ses huit jours. Sans ressources, n'ayant eu jusque-là que son salaire pour vivre, le sans-travail essaie de s'embaucher dans quelque industrie similaire, mais en vain, partout il est repoussé. Dans l'armée de réserve des sans-travail, des bras plus robustes que ceux d'un sexagénaire auront toujours la préférence.

Les maigres économies du malheureux sont vite épuisées ; mais il ne désespère pas encore ; il croit aux principes de fraternité et de solidarité humaines. Il lui faudra prendre patience car soit qu'il adresse une [demande de secours à l'Assistance publique ou qu'il fasse une démarche auprès du trésorier de quelque œuvre catholique, jamais il n'obtiendra un secours immédiat.

Le bureau de bienfaisance laïque de même que la maison de secours chrétienne commencent par faire une enquête sur la moralité du quémandeur; or, les fonctions d'administrateur du bureau de bienfaisance qui ne sont qu'honorifiques sont souvent dévolues à des cléricaux, à d'anciens magistrats réactionnaires qui, comme M. Ribot ancien président du Conseil ont prêté serment sous l'Empire.

Ces vieux messieurs de l'une ou de l'autre assistance prennent tout leur temps pour s'enquérir de la moralité du solliciteur.

Il n'est recommandable que si ses opinions ne sont pas contraires à la religion.

La logeuse du pauvre diable l'a prévenu de l'enquête et l'a averti que l'administrateur s'était principalement informé des garanties de morale religieuse offertes par l'indigent. Apprenant que le bureau de bienfaisance s'occupe de lui il se cramponne à ce dernier espoir et cet homme qui jusqu'à soixante ans avait mené une vie toute de probité, de franchise et d'honneur est amené à affecter des sentiments religieux de crainte que sa demande de secours ne soit rejetée.

Telle est à ce moment la situation de l'homme réduit à la pauvreté par les exigences du capitalisme : le capitaliste exploiteur en a fait un indigent, les cléricaux tout-puissants à l'assistance publique en ont fait un hypocrite.

Un danger menace le libre fonctionnement de l'assistance laïque ; les cléricaux occupent les fonctions d'administrateurs et tendent à monopoliser le soulagement des pauvres portant ainsi une grave atteinte à la liberté de conscience. On se demande quel espoir resterait à l'indigent affranchi de la tutelle cléricale ; pas un décime des millions dont disposent les œuvres de bienfaisance ne tomberait dans sa main et cependant le budget de la charité chrétienne est mieux alimenté que celui de l'Instruction publique.

Un écrivain catholique M. Jean de Bonnefon dont la compétence en ce qui concerne les affaires de l'Eglise s'est affirmée dans plusieurs ouvrages et dans des chroniques puissamment documentées parues dans le *Figaro*, le *Journal*, *l'Éclair*, a révélé dans cette dernière feuille à la date du 15 octobre 1897, la provenance des six millions dont dispose annuellement l'archevêché de Paris.

Le revenu de l'archevêché rivalise avec le denier de Saint-Pierre et parce que de cet énorme budget quelques bribes sous forme de charité chrétienne atténuent la misère de pauvres bougres recommandés par des cléricaux influents, on chante les louanges de l'Eglise catholique !

Mais lorsque le prolétariat conscient aura conquis ses droits, les cléricaux subiront un désenchantement, la justice et l'assurance sociales auront éloigné cette charité chrétienne qui, sous l'apparence de philanthropie, déguise la servitude du pauvre ; les subsides accordés par les catholiques mettent en jeu, non seulement l'intérêt de quelques indigents soulagés, mais encore l'intérêt d'une classe sociale tout entière, faisant ressortir les iniquités sociales démontrant la suprématie de la classe dirigeante qui tient à sa merci les malheureux que le chômage a réduits à tendre la main et cependant qu'annuellement d'après les statistiques officielles du Dr Bertillon meurent de faim ou de misère plus de 75.000 Français.

La charité est insuffisante contre ce mal qui progresse en raison directe de la centralisation des richesses et qu'importe à ceux qui possèdent les souffrances des déshérités ; ils n'ont pour eux aucune pitié, s'ils exercent la charité c'est que, gens pratiques, ces puissants du jour y sont poussés par des mobiles qui les sollicitent à agir ainsi. Quels sont ces mobiles ?

« La charité, a dit saint Paul n'est que du sentiment, » et nous pouvons ajouter que ce sentiment peut se loger dans les cœurs les moins sensibles.

En effet pour faire parade de sensibilité plus ou moins réelle, pour ne point paraître insensible aux misères d'autrui, combien de duchesses très catholiques affectent de se montrer dans les fêtes de charité, elles y coudoient les baronnes de la finance juive; les échos mondains relatent leur visite et signalent leur générosité. C'est ainsi qu'on a pu lire dans le *Gaulois* journal clérical : « Hier une dame a acheté au buffet du Bazar de la Charité pour dix francs de petits pains au foie gras qu'elle a gracieusement offerts à un petit chien qu'elle portait dans ses bras ».

Pendant que l'aristocratie nourrit ses chiens au pâté de foie, le miséreux se contenterait des miettes de la charité, allons donc! Il n'en a que faire, ce qu'il réclame c'est de la justice sociale, ce qu'il veut, conquérir ses droits : le droit au travail affranchi, le droit à l'existence.

Le premier devoir du citoyen n'est-il pas celui de revendiquer ses droits!

Et c'est précisément ce que redoute la ploutocratie dirigeante; pour empêcher la machine d'éclater, elle fait agir la charité comme soupape de sûreté et conseille aux riches de pousser leur altruisme jusqu'à l'aumône pour que les plaintes des ventres creux ne viennent pas troubler leur digestion.

Il serait ma foi commode de se tirer ainsi d'affaire en couvrant d'un voile épais les méfaits de la bourgeoisie capitaliste; notre devoir est de rejeter ce lourd manteau qui pèse sur les épaules des pauvres, de dénoncer le mal et de confondre les empiriques qui entretiennent la plaie au lieu de la guérir.

On a reproché à Victor Hugo sa sécheresse de cœur, son peu de philantropie. Hugo par son testament a voulu faire concorder ses actes et ses principes. Dans l'*Homme qui rit*, en effet, il a écrit la plus belle critique qui ait été faite de la charité :

« Ne vous laissez jamais rendre service, on en abuserait. Ne vous laissez pas prendre en flagrant délit d'inanition, on vous soulagerait. Une défaillance d'estomac et vous voilà à la chaîne pour la vie !

Etre obligé c'est être exploité. Les heureux, les puissants profitent du moment où vous tendez la main pour mettre un sou dedans, et de la minute où vous êtes lâche, pour vous faire esclave, et esclave de la pire espèce, esclave d'une charité, esclave forcé d'aimer! Quelle infamie! Quelle indélicatesse! Quelle surprise à notre fierté !

Et c'est fini, vous voilà condamné à perpétuité, à trouver bon cet homme, à trouver belle cette femme, à rester au second plan du subalterne, à approuver, à applaudir, à admirer, à encenser, à vous prosterner, à mettre à vos rotules les calus de l'agenouillement, à sucrer vos paroles quand vous êtes rouge de colère, quand vous mâchez des cris de fureur et quand vous avez en vous plus de soulèvement sauvage et plus d'écume amère que l'Océan.

C'est ainsi que les riches font prisonnier le pauvre.

Cette glu de la bonne action commise sur vous vous barbouille et vous embourbe pour toujours.

Une aumône est irrémédiable. Reconnaissance, c'est paralysie. Le bienfait a une adhérence visqueuse et répugnante qui vous ôte vos libres mouvements. Les odieux êtres opulents et gavés, dont la pitié a sévi sur vous, le savent. C'est dit. Vous êtes leur chose. Ils vous ont acheté. Combien? Un os, qu'ils ont retiré à leur chien pour vous l'offrir. Ils vous ont lancé cet os à la tête. Vous avez été lapidé autant que secouru. C'est égal. Avez-vous rongé l'os, oui ou non? Vous avez eu aussi votre part de la niche. Donc, remerciez. Remerciez à jamais. Adorez vos maîtres. Génuflexion indéfinie. »

Au point de vue moral, la charité ou privée ou chrétienne n'est, au fond, que du mysticisme, à moins toutefois que ce sentiment n'ait pour mobile l'orgueil. La charité, en effet, inférior ise l'obligé, l'humilie. Le bienfaiteur qui commet un acte charitable se penche, dit-on, vers les humbles, mais les humbles, en revanche, non seulement se courbent et s'assouplissent, mais encore s'aplatissent et rampent.

L'Association protestante au Congrès de Montbéliard a voté la proposition suivante :

« L'assistance ne doit jamais être regardée comme un remède aux maux de notre société; elle n'est qu'un palliatif qui ne doit pas nous suffire ni nous empêcher de chercher une meilleure et plus juste organisation de la société. »

Une telle motion dans un congrès catholique eût été repoussée à l'unanimité. La charité chrétienne, en effet, illusionne encore quelques esprits simples, les cléricaux le savent, et, par calcul, s'efforcent à conserver ce prestige, à l'accroître et à le rehausser.

Les pauvres ont leur raison d'être, l'Eglise dit :
« Il faut qu'il y ait des pauvres pour exercer la
charité des riches. »

L'économie politique orthodoxe narre une
antienne du même genre pour défendre ceux qui
exploitent des affamés contre toute justice et sentiment humains :

M. Paul Leroy-Beaulieu, dans une interview
prise par M. Jules Huret s'est prononcé ainsi :
« Il faut qu'il y ait des pauvres et des riches, pour
que les pauvres luttent pour devenir riches, car
c'est de là qu'est fait le progrès social, non d'autre
chose. Ce n'est que par l'inégalité des conditions
dans toute sa vigueur que le progrès pourra se
perpétuer et s'étendre. »

Telle est la voie que les opportunistes indiquent
à l'humanité pour progresser.

Ces progressistes peuvent se réclamer d'un tel
programme élaboré par le grand maître de l'économie politique. Qu'on ne les accuse plus de ne
pas avoir de programme ; ils sont en parfaite communauté d'idée avec les cléricaux qui prétendent
qu'il y aura toujours des pauvres parmi nous.

Les partisans de la sélection sociale au profit
des riches sont ces mêmes hommes qui fomentent
la révolte dans le cœur des exploités pour avoir
l'occasion de pratiquer une saignée dans les rangs
du prolétariat

D'aucuns diront qu'il faut des sinistres pour
exercer les pompiers et d'accord avec des gredins
comme de Moltke, un écrivain catholique, de Mais-
tre, préconisa l'utilité de la guerre.

Ne nous étonnons pas que les cléricaux, les
opportunistes et les militaires professionnels

sacrifient les intérêts du plus grand nombre pour satisfaire les intérêts d'une minorité. Ces gens-là se soucient peu de la paix, il faut avant tout de l'avancement aux officiers, qui presque tous désirent la guerre, du reste c'est leur métier; les opportunistes et les cléricaux veulent la misère du peuple.

Dans leur aveu quel cynisme !

L'ANTAGONISME DE LA SCIENCE
ET DE LA RELIGION

En continuant à feuilleter l'histoire, en consultant les annales de la science nous exhumerons, révélé (1) déjà par une grande quantité d'auteurs, le passé de la nouvelle alliée de l'opportunisme dans sa politique de résistance aux lois du progrès.

La religion catholique si rébarbative au progrès s'est assimilé les procédés des religions ses devancières. Toute idée contraire aux dogmes doit être étouffée dans le germe et le penseur qui l'a émise, supprimé. Une légère différence dans la pratique, mais les résultats sont les mêmes.

Socrate fut condamné à boire la ciguë parce que ses préceptes offensaient les dieux ; Anaxagoras fut condamné à l'exil pour avoir proclamé l'incandescence du soleil ; ainsi procédaient les anciens à l'égard des précurseurs et sous l'instigation des prêtres.

L'Église chrétienne s'est montrée la digne héri-

1. Le latin *revelatio* de même que le grec *apokalupsis*, signifie mot à mot déroulement, progrès : mais l'antiquité religieuse voyait ce déroulement dans une histoire racontée, avant l'événement, par Dieu même, tandis que la raison philosophique des modernes le voit dans la succession des faits accomplis (Proudhon. *Système des contradictions économiques.*)

tière des mêmes procédés auxquels elle a su joindre de cruels raffinements ; devant les novateurs se dressent les hommes de l'Église non seulement comme contradicteurs mais encore comme bourreaux.

L'Eglise écrit le professeur Lombroso, peut être regardée comme le rempart officiel contre toute nouveauté dans le monde moral et dans les usages.

Au commencement de l'ère chrétienne c'est la main d'un prêtre qui met le feu à la célèbre bibliothèque d'Alexandrie privant ainsi la science, l'art et l'histoire d'un trésor inestimable, affichant déjà la haine de l'histoire d'où se dégage l'amour de la liberté.

De tous temps la chrétienté s'est mise en opposition avec la science. Saint Cyprien déjà déclarait qu'il ne fallait prendre aucun soin contre la peste, lui laisser suivre son libre cours, la bénir au contraire par ce qu'elle était un message providentiel ; de nos jours encore n'interdit-elle pas les anesthésiques tel le chloroforme qui, insensibilisant la douleur, permet en cas de couches laborieuses une délivrance indolore, et ce, sous prétexte que dans quelque Évangile est consignée cette phrase : « Tu enfanteras dans la douleur. »

Le cardinal de Richelieu exaspéré de voir la science de Salomon de Caus prédominer sur la foi le fait enfermer dans les petites maisons de Bicêtre.

Buckle rapporte qu'en 1787 on défendait à l'Université de Salamanque d'enseigner les découvertes de Newton parce qu'elle ne concordaient pas avec la religion.

Lorsque l'esprit humain basé sur la justice et la

raison progresse, la religion reste stationnaire, immuable, basée sur des dogmes invariables.

Jalouse d'être contrainte de s'assimiler les croyances sans les analyser, elle essaie d'enrayer les progrès de la science qui n'accepte comme vrai que ce qui est prouvé. Alors elle met en œuvre, menaces violences, force ou achète la conscience des savants. C'est ainsi que Galilée, emprisonné pour avoir démontré l'hypothèse émise deux mille ans auparavant par Aristarque ne dut sa libération qu'en se déjugeant. Démontrer la révolution de la terre autour du soleil était pour le catholicisme et les religions révélées en général s'inscrire en faux contre la légende de Josué.

Cuvier, dit-on, reçut une forte somme d'argent pour proclamer que le monde avait été créé en six jours.

Toute innovation offusque l'Église, elle pousse son misonéisme jusqu'au ridicule ; d'après Stepniak (1) un concile œcuménique avait condamné toute nouvelle mode de coiffure.

Il n'est pas d'entraves qu'elle n'emploie contre tout ce qui est scientifique : tout d'abord elle a nié la suggestion, puis lorsque l'hypnotisme eût été classé parmi les sciences, il n'est pas d'inepties dont elle n'ait abreuvé les Charcot et les Bernheim, déclarant que ces professeurs de faculté faisaient œuvre de satanisme et de magie. D'après saint Ambroise les préceptes de la médecine sont contraires à la science céleste. ils s'opposent aux jeûnes et aux veilles, et c'est précisément parce que

____

1. *La Russie sous les czars.*

la religion est en contradiction avec la science
que comme l'a avoué le duc de Broglie : « La religion existante est surannée et par suite imprati-
cable. » Le duc ajoute qu'elle est indispensable ;
voilà de la logique mais lorsqu'on est académicien
et en plus, ancien ministre de l'ordre moral tout
est permis même l'illogisme.

L'antagonisme de la foi et de la science moderne
s'explique par les découvertes qui réduisent à
néant les derniers moyens laissés à l'Eglise pour
circonvenir les crédules : les phénomènes pré-
tendus miraculeux trouvent leur explication
scientifique ; il est maintenant démontré que les
stigmates de François d'Assise, de Rhegio, de
Mathieu Careri, et, plus récemment, de Louise
Lateau, étaient simplement des produits d'auto-
suggestion. L'hypnotisme déconcerte les croyants ;
la production de stigmates par la suggestion nuit
à la légende des miracles ; c'est ainsi que le
Dr Billot fit apparaître une croix sur le bras d'un
sujet ; les expériences concluantes des Drs Mesnet,
Dujardin. Liébault, Burot, Mabille, ont démoli la
fable de saint François.

Après avoir fait les honneurs d'un médaillon au
chevalier de la Barre, condamné au supplice de la
roue pour ne s'être pas découvert sur le passage
d'une procession, après avoir élevé une statue à
l'imprimeur Etienne Dolet, brûlé vif parce que
ses écrits philosophiques réfutaient les préceptes
de la religion chrétienne, le peuple de France
honore plus que jamais la mémoire des héros qui
ont eu le courage d'émettre des vérités qui condui-
saient au supplice, faisaient monter au bûcher
ceux qui les prononçaient, et, malgré ce laïcisme

qui déborde, des républicains sincères se réclamant du programme minimum de 1869 se buttent dans leur propagande à un parti-pris, à un entêtement encouragé par les classes dominantes toujours intéressées à laisser la lumière sous le boisseau.

Que les victimes et complices de l'obscurantisme ne s'avouent-ils éblouis par les brillants, lumineux et pénétrants rayons qui émanent des foyers de la science; que ne se disent-ils gênés par la lumière, tous ces rétrogrades qui, comme des hiboux, se complaisent dans les ruines et viennent encore s'asseoir à l'ombre d'une religion déchue.

LA RELIGION EST MORTE

Emile de Laveleye, sociologue belge, constatant le décadence de la religion, a écrit :

« On ne discute plus avec révérence comme au xviie siècle, on n'attaque plus avec passion comme au xviiie, on se tait et on s'éloigne. »

Le peuple, en effet, en se désintéressant de cette question autorise les prétentions des cléricaux à diriger la politique ou tout au moins à forcer les opportunistes à compter avec eux ; les partisans du clergé ont conservé leur influence politique et cependant depuis longtemps le clergé n'a plus beaucoup d'ascendant sur les consciences.

Les curés de la fille aînée de l'Eglise voient leur prestige diminuer, ils constatent à leur grand regret que seule une minorité infinie des Français reste fidèle. Pour beaucoup de femmes la présence à la messe n'est que l'occasion d'exhiber leurs toilettes ou d'examiner celles des autres.

Les hommes vont-ils aux offices? Ceux qui font leurs pâques on les compte quand on ne les montre pas du doigt en les qualifiant d'esprits faibles, et combien n'entrent dans une église que pour accompagner les cortèges soit de mariage, soit de funérailles, et encore avec quelque répugnance, mais n'en laissant rien paraître pour ne pas froisser dans leurs idées préconçues, les parentes ou amies de la famille.

Les pères et mères sont parfois tentés d'affranchir les enfants de la communion et surtout de la retraite, cette mortification qui précède le sacrement, mais le curé veille, pour lui cette abstention est un acte de résistance, de rébellion contre son influence; il se livre à des représailles, de sourdes persécutions, employant dans ses menées les procédés préconisés par Loyola. Sans nommer les parents, du haut de la chaire il laisse tomber des paroles de haine et essaie de livrer au mépris de ses ouailles les libres-penseurs récalcitrants, arrêtant de ce fait quiconque serait tenté de suivre cet exemple. Beaucoup de mères de famille pour éviter d'être « prêchées » envoient l'enfant au catéchisme.

Le père pour avoir la paix dans son ménage à cédé, le prêtre peut à son aise inculquer à l'enfant la morale funeste.

C'est ainsi que les Français jouissent de la liberté de conscience plus d'un siècle après la proclamation des Droits de l'homme. Le prêtre comprime la conscience dont l'indépendance est considérée par les cléricaux comme une source de perversité et d'immoralité.

Il est vrai que l'adolescent s'émancipe facilement de la tutelle du curé parfois même cesse tout commerce avec l'Église avant que sa joue n'ait subi le contact de la main de l'évêque.

La plupart du temps les jeunes gens appelés auprès des fonts baptismaux ont recours à la mémoire de la sage-femme pour réciter quelques bribes de prières.

Et ces billets de confession ne sont-ils pas le plus souvent tirés du prêtre moyennant finance, l'abord du curé répugne au fiancé qui pour deux ou trois francs se procure un certificat de complaisance.

Le peuple des campagnes fréquente peu à l'église et l'ouvrier des faubourgs encore bien moins.

Dans les villes, la plus grande utilité que puissent présenter les basiliques est le refuge offert au miséreux qui, l'hiver venu, sur les bancs inoccupés délasse voluptueusement ses jambes engourdies par le froid ; mais quand le suisse dont les mollets superbes amènent le péché dans l'âme des bigotes passe à côté de lui faisant résonner les voûtes à coups de hallebarde, le pauvre diable se fait petit, se dérobe autant qu'il le peut aux regards du larbin d'église ; c'est que les haillons du misérable jurent dans le voisinage du complet moderne du petit crevé qui pratique par snobisme, se figurant que, comme du temps de Chateaubriand, la religion n'est qu'une question de bon goût, du reste, peu soucieux du fonds il court les prêches, les sermons goûtés des vieilles duègnes, des marquises ou cocottes rentées, s'efforçant d'être et encore plus de paraître à seule fin de faire ce qu'il appelle un beau mariage dans une famille dévote; du reste dans un certain monde les ignorants qui se figurent que la république opportuniste vit en mauvaise intelligence avec le pape boudent encore ce régime et pour narguer M. Paul Deschanel proclament que l'art oratoire a comme dernier refuge les chaires où les PP. Feuillette, Olivier, etc., récitent leurs sermons.

Ce sont là des signes de décadence, de désuétude, et l'on peut affirmer que, si la religion n'est pas tout à fait disparue, elle prend le chemin des dieux qui sont partis ; nous avouons qu'il a fallu au libre examen un grand effort pour la pousser dehors. Mais, hélas ! elle a laissé trace de son passage, le cléricalisme.

Depuis longtemps la religion n'a plus pour compagnie que les vieux préjugés ; les penseurs et la science l'ont bannie ; mais à la vieille société se cramponnent les jésuites de robe courte et les prêtres que Nietzsche a défini : « une sorte d'hommes parasites qui ne prospère qu'aux dépens de toutes les formations malsaines de la vie. »

La première de ces catégories est la plus redoutable, la religion n'est plus que le prétexte et le curé un personnage qui masque les cléricaux et à l'abri duquel ces derniers combattent toutes les idées de progrès. Cette idée a été exprimée d'une façon très imagée par M. Emile Deschanel :

« Il y aura toujours un parti clérical, il n'y a plus de catholicisme, ce qui porte encore ce nom est un corps sans âme, une machine sans moteur, dont le grand ressort est brisé, et qui pour les yeux non prévenus sera désormais dans l'ordre moral ce qu'est depuis longtemps dans l'ordre dynamique la machine de Marly.

« On respecte cette religion écroulée comme on respecte toutes les ruines si vous ne vous mettez pas en embuscade dans ces ruines pour dévaliser l'avenir. »

Et ce pendant qu'agonise lentement la religion et que les libres penseurs, croyants et cléricaux se préparent à la crise finale, ses défenseurs fidèles se lamentent sur le sort de cette vieille malade. Ecoutons les lamentations de M. Delahaye :

« Il n'ont pas tort les libres penseurs qui observent qu'il ne semble plus rester de la religion nationale que ses édifices et que de ce squelette l'esprit, le souffle paraissent sortis. Ils ont raison les chrétiens qui se plaignent que dans ces cathédrales, dans ces églises on ne voit plus guère, à côté des femmes fidèles, que des prêtres qui n'osent plus montrer la croix au peuple hors du porche, que des évêques sans foi ou sans courage qui ne pontifient plus, ce semble, que pour conserver l'habitude des génuflexions liturgiques et des subventions concordataires et qui n'élèvent plus la voix que pour aduler les persécuteurs ou désavouer les persécutés (1). »

Mais il ne suffit pas de constater la disparition des vieilles croyances et la décrépitude des dogmes, il ne faut pas se contenter d'avoir amené l'aveu sous la plume d'adversaires loyaux et francs, il faut secouer l'apathie de l'électeur qui, en général, comme du temps de l'abbé de Lamennais, proclame son indifférence en matière de religion. Ne nous endormons donc pas dans une fausse sécurité, si le progrès est lent, aidons-le de nos efforts et, de même que la société païenne en travail de décadence s'est écroulée sous les ruines du paganisme déchu, de même la société bourgeoise s'effondrera avec l'Eglise son alliée.

1. M. Delahaye *Libre Parole* 13, août 1897.

LA SÉPARATION DES ÉGLISES
ET DE L'ÉTAT

Dans ses *Etudes politiques et religieuses* (1). M. Anatole Leroy-Beaulieu, heureux de se rencontrer avec M. Emile Ollivier déclare que sur un grand nombre de points il y a en fait séparation complète de l'Eglise et de l'Etat.

En tombant d'accord avec l'Homme au cœur léger, M. Leroy ne craint-il pas d'être, accusé de vouloir donner le change.

Il n'y a d'accompli qu'une séparation morale et celle-là complètement, il ne s'agit plus que de la faire entrer dans le fait d'une façon légale, nous ne demandons que cette sanction et c'est au peuple qu'appartient le droit de la prononcer en affirmant, lors de la prochaine consultation électorale, ne plus vouloir cohabiter avec l'Eglise qui tout en le méprisant ne s'intéresse à lui que parce qu'elle en vit.

Le but poursuivi par les partisans de la séparation est la disparition de cette monstruosité, cette anomalie, le dogme accolé à la patrie française par l'union de la nation et de l'Eglise.

1. *Revue des Deux Mondes*, avril 1886.

Des chapitres précédents un enseignement se déduit avec évidence, avec clarté : d'un côté l'état capitaliste s'unissant à l'Eglise, lui réclamant son assistance pour mater et opprimer ; d'autre part l'Eglise faisant cause commune avec l'Etat, s'unissant à lui comme le lierre au chêne, pour le sucer, l'enserrer, l'étouffer. Cette même Eglise souillée et avilie au contact de tous les pouvoirs se cramponne autant qu'elle peut et plus que jamais basse et rampante, elle dit à l'Etat : « Aime-moi et obéis-moi si tu peux, frappe-moi si tu veux, mais ne me quitte jamais (1). »

Telle est la situation que nous avons voulu dénoncer.

Pour combattre l'action cléricale, nombreuses sont les panacées qui ont été proposées, la plupart applicables, quelques-unes même essayées, mais aucun de ces topiques n'a fait plus d'effet qu'un chapelet, un chapelet de cautères sur le bois de cet arbre dont les larges et nombreuses ramifications portent ombrage à la liberté ; il a été élagué, mais malgré les successives opérations qu'il a subies, la nocivité persistant il faut se résoudre à l'arracher. Ces spécifiques sont :

1° L'application stricte du Concordat. Véritable duperie comme il l'est prouvé au chapitre qui est consacré à ce contrat qui lie également juifs et protestants qui n'ont pas à se mêler des affaires du pape.

2° L'expulsion des jésuites qui reparaissent sous une autre dénomination.

3° La liberté absolue de conscience, autre ba-

1. Prévost-Paradol. *La France Nouvelle.*

liverne, car personne en France n'oserait se déclarer adversaire de l'indépendance de la conscience,
cependant que chaque jour elle est violée alors
qu'apparaît dans les hôpitaux la cornette au che-
vet des mourants.

4° Les lois scolaires qui n'empêchent aucune-
ment les ignorantins et les frères de la doctrine
chrétienne de comprimer dès leurs premières
manifestations les énergies motrices de la pensée
humaine, de fausser le jugement des enfants con-
fiés à leur garde et de courber sous la férule et la
morale néfastes les esprits de la France de demain,
prédisposés par cette préparation de plusieurs
années à subir sans résistance l'exploitation du
monde capitaliste ; à moins toutefois que, rejeton
de l'aristocratie de l'argent ou fils dégénérés des
croisés, ces apprentis dirigeants n'aillent chez les
postards de la rue Lhomond ou chez les maristes
de Stanislas prendre des leçons de morgue avant
de concourir pour Saint-Cyr ou d'entrer à l'école de
droit.

Les fameuses lois scolaires, autour desquelles on
a mené grand tapage, laissent les cléricaux orga-
niser dans l'enseignement supérieur une concur-
rence aux universités de l'Etat; les universités
catholiques d'Angers et de Lille, plus florissantes
que jamais, préparent des licenciés et des docteurs.

Avant de prendre leur première inscription, les
étudiants de l'Etat n'ont-ils pas subi l'examen du
baccalauréat, dont le programme comporte la
théodicée et les preuves de l'existence de Dieu,
selon l'évangile de Fénelon (1).

_____

1. Dans son dernier prospectus, le principal du collège de Saint-

Ces divers palliatifs, y compris la loi de recrutement du 15 juillet 1889, ont à peine desserré les liens de l'Eglise et de l'Etat, liens qui, comme les ressorts, se resserrent dès que la tension disparaît.

Une rupture brusque s'imposera peut-être bientôt.

La plaie est gangréneuse et nécessite une opération chirurgicale : extirper de l'Etat, corps social, ce chancre qui le mine, le corrompt, achève de le pourrir. Nous est-il nécessaire de prendre des ménagements? Faut-il, comme disent les médecins, préparer le patient à l'opération? Des préparatifs sont inutiles : l'Etat a déjà une première fois subi l'ablation du mal.

En septembre 1794, la Convention proclama la séparation de l'Eglise et de l'Etat.

En février 1795, elle décréta la liberté des cultes.

En mai 1795, elle mit les temples à la disposition des prêtres constitutionnels.

« Pendant que la philosophie représentait l'Eglise aux yeux des hommes, dépouillée de ce qui devait séduire en elle, vous l'avez expulsée à jamais de votre organisme politique... Citoyens, le culte a été banni du gouvernement : il n'y rentrera plus (1). »

Des traîtres à la Révolution ont fait rentrer le culte dans l'Etat, où il est encore aujourd'hui

Mihiel notifie en ces termes les règles de la maison : « Une de mes principales préoccupations sera l'éducation religieuse et morale de nos enfants, dont les excellents aumôniers, MM. les vicaires de la paroisse de Saint-Mihiel, peuvent compter sur mon concours absolu. »

1. Rapport de Boissy-d'Anglas.

maintenu par les opportunistes qui ont forfait à l'esprit de la Révolution française.

Les diverses conquêtes obtenues par le laïcisme poussent les Etats à se séparer de l'Eglise :

« Tout le courant de l'histoire, toute la puissance des principes nouveaux, entraînent les peuples vers la séparation (1). »

La papauté elle-même, de longue date, s'est préparée à ce dénouement. Dès 1864, en effet, le pape Pie IX mandait aux évêques :

« Ne tenez pas pour hérétique le principe de la séparation. »

Trois ans après, le 3 décembre 1867, Jules Simon, du haut de la tribune du Corps législatif, réclamait aux députés de l'Empire une loi qui établît la constitution de l'Eglise libre. Ce même Jules Simon put rentrer plus tard dans le giron de l'Eglise, grâce à la lutte incessante que, sur la fin de sa carrière politique, il mena contre l'idée démocratique.

Lorsque dans son *grenier* de la place de la Madeleine il s'apprêtait à passer de vie à trépas, le moribond dut avouer à son confesseur que J. Simon s'était autrefois prononcé en faveur du divorce de l'Eglise et de l'Etat : « Dans un état libre il faut séparer de la façon la plus absolue la société civile de la société religieuse (2). »

Gambetta en mai 1869, dans son fameux pacte, Belleville, s'était lui aussi prononcé en faveur de la séparation.

J. Ferry qui comme Gambetta devait par la

---

1. E. de Laveleye.
2. J. Simon. *Liberté de conscience*, 1857.

suite détenir le pouvoir, avait autrefois inscrit ce passage dans son programme des destructions nécessaires : « La France n'aura pas la liberté tant qu'il existera un clergé d'Etat, une Eglise ou des Eglises officielles. » Le 10 mai jour de la proclamation du scrutin, J. Ferry prononça au jardin Bixio cette phrase déclamatoire : « Vous m'avez confié un drapeau, il ne s'abaissera jamais dans mes mains, je le jure ici devant le peuple souverain. »

C'est au moyen de telles promesses que les républicains dits de la veille obtenaient les suffrages des Parisiens. Ces fondateurs de l'école opportuniste ont fait souche; nous verrons plus loin le ·cas que font de leurs promesses leurs dignes émules les ministres de l'an de grâce 1897.

Malgré la faillite aux engagements pris, malgré la défection de ces anciens partisans de la séparation, la démocratie s'avance dans la voie de laïcisation. Séparés déjà les cimetières et la fabrique, séparées l'école de l'Eglise; depuis longtemps les registre de naissance sont déposés à la mairie, le mariage civil est seul reconnu, les actes de décès sont rédigés à la maison commune; les législateurs ont reconnu que le prêtre n'est plus un intermédiaire indispensable entre l'homme et Dieu, déjà des privilèges ont été retirés au prêtre.

Et si ce prêtre a été jugé inutile et même nuisible aux enfants de nos écoles communales, quel est donc l'intérêt qui, faisant agir nos gouvernants, les force à l'entretien des curés? est-ce pour la satisfaction des quelques croyantes qui se laissent ensorceller par leur confesseur? mais l'ère des sorcelleries est terminée; l'Etat ne peut se déclarer complice des fumisteries de Lourdes ou de la Salette. Ce n'était pas la peine de sortir de l'ancien régime ; ce n'est pas pour que, plus de cent ans après, régnât en France un clergé d'Etat que le peuple a fait tomber la tête d'un roi.

A l'encontre des lois qu'ont produites et produiront encore toutes les réactions coalisées, combat incessant, reflet dans les luttes politiques des luttes sociales, malgré la politique de piétinement et de résistance du parti opportuniste s'efforçant avec l'aide du parti clérical à se maintenir dans les positions acquises, passant par-dessus cette fange, le progrès poursuit sa marche.

Contre les lois de réaction il est une loi qui prévaut, inéluctable loi d'évolution des sociétés humaines qui, toujours en mouvement, ne régressent pas, elles subissent parfois un temps d'arrêt, mis à profit pour reprendre haleine ; les cours d'eau remontent-ils vers la source : si quelque barrière est placée en travers de leur course, contre cette barrière pendant le temps d'arrêt s'accumulent des forces toujours latentes, lorsque la digue se rompt, malheur à tout ce qui se trouve sur le passage du courant devenu torrent, il faut qu'il passe.

M. Méline se complaît dans le marécage du centre aux eaux bourbeuses et stagnantes. Que M. Méline se remémore la catastrophe de Bouzey causée par une rupture de digue et sache qu'il n'est point *d'impedimenta* qui puissent arrêter le courant du progrès.

L'ancien régime s'était retranché derrière des remparts que la bourgeoisie avec l'aide du prolétariat a renversé en 1789. Avec la Bastille la révolution a renversé le pouvoir du clergé. Mais la bourgeoisie devenue à son tour classe dirigeante, quoique puissante a cru devoir pour se fortifier encore redresser ce même rempart : l'autorité de l'Eglise. Or, voici que se lézardent et s'effritent ces vieilles ruines restaurées, des brèches sont déjà pratiquées, un souffle puissant, le souffle des idées renverse les murs d'un des forts qui protègent la place forte de la bourgeoisie capitaliste, la Bourse, ce temple de l'idole moderne centre des opérations dont pâtit le peuple entier ; la haute banque tremble pour ses privilèges, l'agio, l'accaparement, la spéculation et les multiples procédés qu'elle emploie pour spolier la petite bourgeoisie, râfler l'épargne, réduire à la faillite les petits commerçants tout en jetant le trouble sur le marché au moyen de baisses et de hausses factices qui déconcertent les producteurs.

Quoique à regret la classe dominante a dû faire quelque concession, elle a cru faire la part du feu.

Mais la démocratie ne saurait se contenter de ces réformes, le sacrifice d'un fleuron de couronne ne la satisfait pas, elle a brisé les diadèmes, elle brisera les couronnes des barons de la finance, les rois de l'époque.

LE BUDGET DES CULTES

Si, dans cette étude, nous avons, à différentes reprises, évoqué le souvenir des fondateurs de la République, c'est que, il y a une trentaine d'années, l'opposition républicaine s'était déclarée favorable à la suppression du budget des cultes.

Ces républicains de la veille ont fait partie du gouvernement de la défense nationale et, depuis vingt ans, c'est-à-dire depuis que la République est aux républicains, ces hommes ont détenu maints portefeuilles. Il paraît surprenant qu'aucun de ces politiciens, soit à l'occasion du vote du budget, soit au sujet de quelque interpellation sur les menées cléricales, n'ait pas demandé aux représentants du pays d'économiser aux contribuables les nombreux millions que leur coûte l'entretien des cultes.

M. Goblet lui-même déclare voter le budget des cultes parce que, prétexte-t-il, en le repoussant, la Chambre ferait œuvre anti-concordataire.

Par le Concordat, en effet, Bonaparte a engagé la nation à fournir aux curés leur traitement.

Deux ans après la signature du pacte concordataire, c'est-à-dire après que les formalités et les dispositions de la première heure eurent été prises et remplies, le budget, en 1803, s'élevait à

4.081.369 francs. Cette somme était suffisante pour assurer le fonctionnement du clergé, devenu un nouveau rouage au service de Bonaparte.

Vers la fin du premier empire, en 1813, le clergé coûtait déjà à la France la somme de 17 322.868 francs.

La dernière année du règne des Bourbons, ce suppôt de pouvoir émargeait au budget pour la somme de 35.581.510 francs ; la bourgeoisie orléaniste de la fin du règne de Louis-Philippe lui avait constitué un revenu annuel de 39.109.694 fr. ; la veille de Sedan, l'Empire l'entretenait sur le pied de 49.014.581 fr., et actuellement, la République opportuniste consacre au département des cultes une part approximative de 50 millions. Tel est le tarif actuel de la soumission de l'Eglise (1), entrée dans la République en transfuge vénal et de mauvaise foi.

Il est de toute évidence qu'en se tenant dans les limites strictes de l'observation du Concordat, nos législateurs, même les pusillanimes ou les scrupuleux façon Goblet, ont en main les moyens d'économiser plus de 45 millions aux contribuables.

Il leur suffirait de n'affecter au budget des cultes qu'une somme équivalente à celle dont Bonaparte gratifiait annuellement son clergé. Mais la majorité opportuniste n'entend pas se montrer ingrate envers son alliée. L'Eglise est plus utile à ces républicains qu'elle ne l'était à un empereur.

---

1. En un mot, le paganisme était une religion chère, le christianisme une religion à bon marché. (M. de Molinari.)

Quel recul depuis le décret du 4 novembre 1789, par lequel la Constituante déclare biens nationaux les biens du clergé. On perçoit encore, après vingt années de régime républicain, le souffle de réaction qui, maintes fois, passa sur la patrie depuis le 19 décembre 1789 ; la Constituante vendait alors les 400 millions de biens du clergé (1). La Convention ratifiait ces mesures et approuvait le rapport de Cambon, à la suite duquel était rendu le décret du 18 septembre 1794, dont l'article premier est ainsi conçu : « La République française ne paie plus les frais ni les salaires d'aucun culte. »

L'article 3 du décret du 21 février 1795 est ainsi conçu : La République ne fournit aucun local, ni pour l'exercice du culte ni pour le logement des ministres.

Alors, le prêtre vécut des subsides des fidèles ; le clergé constitutionnel, c'est-à-dire celui qui avait accepté la révolution comme un fait accompli, comptant cinquante évêques et dix mille prêtres, la plupart mariés, poussait l'abnégation jusqu'à refuser les ressources du casuel, les rétributions pour bénédictions, les prières et les messes.

Et cent ans après l'épopée révolutionnaire on vient arguer de ce que la Constituante a saisi les propriétés ecclésiastiques pour vouloir nous faire servir une rente de cinquante millions à une catégorie déterminée de citoyens.

---

1. Ce que l'ultramontain Rivarol appelait la Saint-Barthélemy des propriétés. Les cléricaux sont malvenus cependant d'évoquer le souvenir de leurs crimes.

Si vous vous êtes saisi du capital, payez au moins la rente viagère, nous crie-t-on. Quelle bizarre personnalité civile offre le clergé, quel colossal syndicat, que ce syndicat de curés ! Ces gens-là ont dans la Chambre des députés une majorité qui revendique en leur faveur, un peu tard il est vrai, l'application de l'article premier de la constitution civile du clergé du 12 juillet 1790 par lequel le clergé fut un instant défrayé par la nation.

Mais de quel droit les curés d'aujourd'hui hériteraient-ils de droits concédés à ceux de l'époque ?

La gent ecclésiastique aurait-elle constitué un État dans l'État ? Mais si ce n'est pas, la génération actuelle n'est nullement engagée et n'a aucune dette de ce genre à payer.

Que nos adversaires avant de présenter de pareils arguments relisent les comptes rendus des débats d'où est sorti le décret d'expropriation du clergé. Ces débats sont consignés dans l'histoire de la révolution dont le prêtre ne pourra quoiqu'il fasse souiller ou enlever les pages glorieuses. S'ils sont de bonne foi, les réactionnaires d'aujourd'hui avoueront que nos aïeux n'ont rien fait à la légère.

C'est que lorsqu'il s'agissait d'émanciper l'esprit humain et de donner aux autres peuples la vertu française comme modèle, les projets étaient discutés avec chaleur et conviction. Un de Lanjuinais, un Talleyrand (1) évêque d'Autun étaient convertis aux idées nouvelles, et lorsque l'abbé

1. Ce Talleyrand, il est vrai, dans son rapport sur les biens du clergé, déclarait le 10 octobre 1789 que le clergé n'était qu'usufruitier de dons faits à son nom à la nation, que celle-ci avait toute liberté de disposer de ce qui lui appartenait.

Maury venait soutenir le budget des cultes comme viager de l'ordre déchu, sa défense était démolie par cette hypothèse : si le nombre des ecclésiastiques venait à diminuer de plus en plus, le budget se concentrerait alors en des mains de moins en moins nombreuses, et quelques religieux pourraient dans ce cas bénéficier de l'attribution totale. Le revenu ne pouvait donc de droit revenir au clergé.

Du reste une grande partie de ces immeubles étaient détenue par le clergé à la suite de la vaste escroquerie de l'an mil.

Les religieux, peu scrupuleux déjà au moyen âge, avaient annoncé la fin du monde comme prochaine; ils conseillaient aux fidèles de se mettre en règle avec la justice divine, pour se faire pardonner leurs péchés à la veille d'être jugés; les possesseurs des jouissances d'ici-bas en faisaient don aux oints du Seigneur lesquels, en échange, leur garantissaient beaucoup de bonheur là-haut.

Les naïfs et bons dévots persuadés que les biens de la terre devaient leur échapper pour cause de départ pour l'autre monde ne se faisaient pas trop prier et achetaient leur droit d'entrée au paradis.

Pas naïve du tout au contraire la bourgeoisie capitaliste, la haute banque juive ou chrétienne en prenant pour alliée pour associé un parti qui a une telle prouesse à son actif ; quel est des deux le parti le plus honnête? Il ne faut pas désespérer de voir un jour se renouveler une escroquerie de ce genre ; les curés feraient d'excellents courtiers de société anonyme garantissant une part de paradis problématique contre la cession des rares lopins de terre que n'aurait pas accaparés quelque syndicat de financiers ou de gros propriétaires. Digne de l'ingéniosité des chevaliers d'industrie dont la troisième page des journaux signale les méfaits, cette escroquerie de l'an mil a été l'origine de la richesse immobilière du clergé. Ce sont ces biens qui ont fait retour à l'Etat ; et cette restitution entraînerait le paiement d'une pension à ces honnêtes et pieux curés qui se proclament les héritiers des malfaiteurs de l'an mil !

D'autre part si c'est en vertu de l'aliénation des immeubles des religieux que chaque année le budget se grève de cinquante millions pourquoi ne pas fournirégalement une rente annuelle aux descendants de ces protestants dont Louis XIV a saisi les propriétés privées ou de communauté lors de la révocation de l'édit de Nantes. En s'avançant dans cette voie, des individus de la race d'Arton des Reinach et des Dreyfus, en parvenant toutefois à prouver que leurs ancêtres habitaient sur la terre de France, pourraient également revendiquer leurs droits à quelques rentes ; les Juifs en effet n'avaient pas droits de propriété et les biens par eux acquis étaient confisqués.

Toutefois les cultes dissidents sont inscrits au budget pour une somme d'environ 2 millions de francs.

Le budget affecté à des cultes différents faisait déjà dire à Lamennais : « On paie des ministres pour enseigner que Jésus-Christ est le sauveur du monde et l'on en paie d'autres pour le nier. »

Malgré les flots d'encre qu'a fait couler cette question, les curés continuent à se faire salarier par les contribuables dont la majorité n'ajoute pas foi aux dogmes.

N'est-ce pas en effet ravaler au sang de salariés, les ministres du culte que de fournir au prêtre les émoluments qui permettent à la puissance de l'Eglise du Dieu tout-puissant d'avoir en France des officiants.

N'est-ce pas vouloir insulter tous les ministres en général plutôt que les protéger en accordant un traitement indifféremment aux curés, rabbins et pasteurs.

N'y a-t-il pas atteinte à la liberté de conscience en obligeant un citoyen français à entretenir les ministres d'un culte qu'il répudie et ce, au moyen d'une partie de l'impôt qui pèse si lourdement sur les épaules des producteurs et des consommateurs ?

LE CONCORDAT

Examinons maintenant le lien par lequel la république est enchaînée à l'Eglise.

Les hommes de la révolution française avaient brisé tout lien avec le passé, décrété la constitution civile du clergé (12 juillet 1790), séparé les Eglises de l'Etat, et par le décret du 7 vendémiaire an IV (29 septembre 95) proclamé la liberté des cultes dont aucun ne devait être salarié par la république.

L'idée nouvelle s'était dégagée, brisant toutes les chaînes qui la retenaient à l'esprit d'obscurantisme. Vint Bonaparte, l'union du trône et de l'autel fut rescellée; l'Eglise prêtait son aide au despote. Le 16 juillet 1801 le Concordat entre Bonaparte et Pie VII fut signé sous le nom de Convention du 26 messidor de l'an IX.

Quelque temps après Napoléon attelait le pape au char impérial. C'est en cette estime que l'empereur tenait le pontife qu'il n'a du reste jamais respecté.

Le pape dut couronner le nouveau monarque.

Humilié par ce simulacre de consécration de pouvoir que paraissait lui accorder Pie VII, d'un regard Napoléon maintint le pontife à distance et se posa lui-même le diadème sur le front. Gran-

deur et décadence de la suprématie pontificale!
Le pape Adrien IV donnait autrefois à Barberousse
le plus puissant des empereurs d'Allemagne l'ordre
de lui présenter l'étrier.

Cependant Napoléon Iᵉʳ considérait que le sacre
devait lui assurer le concours non seulement de
l'Eglise mais encore de cette noblesse aux quar-
tiers nombreux qui boudait la cour du Corse parvenu, de ce général de la république devenu monarque; l'empereur croyait de ce fait son pouvoir
agrandi, auréolé par ce sacre de Notre-Dame.

La burette d'huiles saintes de saint Rémy de
Reims avait été renversée le 10 août et brisée le
22 septembre.

Oint d'une huile nouvelle, enivré de puissance
et d'orgueil, l'empereur après le *Te Deum* demanda
au général Delmas ce qu'il pouvait bien manquer
à sa gloire : « Le million d'hommes morts pour
qu'une telle cérémonie n'eût plus lieu en France, »
lui répondit franchement le général jetant ce re-
proche comme une douche glaciale sur la tête
couronnée.

N'était-ce pas calcul chez Bonaparte, n'était-ce
pas vouloir se servir de l'Eglise pour ses intérêts
personnels et dynastiques, n'était-ce pas pour
l'avoir sous la main prête a toute besogne, outil
pour œuvre malpropre qu'un tel homme l'asso-
ciait à sa cause.

Voilà la raison pour laquelle quelques années
auparavant il avait signé le Concordat, voilà pourquoi il avait engagé la France par ce funeste
contrat.

Que lui importaient les charges nouvelles que
le traité concordataire devait imposer à la patrie

française. Bonaparte avait conclu un traité favorable à ses projets ambitieux.

Par l'article 16 du Concordat, Sa Sainteté reconnaît dans le premier consul les mêmes droits et prérogatives dont jouissait près d'Elle l'ancien gouvernement.

Et voilà que cent ans après messidor an IX nous républicains, nous héritons des engagements pris par l'étrangleur de la république de 1792; nous sommes obligés d'accepter, même sans bénéfice d'inventaire, cet héritage que nous a légué l'ambition d'un Bonaparte.

L'inventaire du Concordat nous démontre que l'Eglise seule en tire profit. Le jour où il fut signé fut une nouvelle journée des dupes. La Nation en effet devait seule observer les clauses du contrat, l'Eglise par la suite ne devait tenir aucun compte des engagements pris.

Nous avons mis en relief son intervention de la politique, et, de nos jours encore, les évêques se refusent-ils le plaisir d'attaquer la forme du gouvernement, se conforment-ils à l'article 20 du Concordat, demandent-ils la permission aux préfets lorsqu'il leur vient la fantaisie de sortir de leur diocèse?

Le clergé porte-t-il un habit à la française? Se prive-t-il de communiquer avec les ennemis de la patrie, comme le fit Mgr de Bonnec... conservant, après comme avant la guerre, les mêmes relations avec le feld-maréchal Manteuffel. Le clergé ne prête plus serment de fidélité, et la République, en la personne de ses gouvernants, refuse même de se tenir sur la défensive.

Du reste, Bonaparte lui-même, une fois son

ambition satisfaite, reconnaissait l'imprudence commise : « Je le vois bien, disait l'empereur, on ne récolte que ce que l'on a semé », et ce même Bonaparte, qui prétendait que le jour de sa première communion était le plus beau de sa vie, ajoutait : « Le Concordat, c'est la plus grande faute de ma vie. »

Mgr de Pradt, philhellène et archevêque de Malines en 1820, avait été aumônier de la cour de Napoléon ; en cette qualité, l'empereur le comptait au nombre de ses confidents. D'après les relations de ce prince de l'Eglise, « Napoléon reconnut avec douleur la faute qu'il avait commise en se mêlant de la religion autrement que comme garant de la liberté des cultes » ; à ce moment, il est vrai, l'aide oppressive de l'Eglise ne pouvait plus être d'aucun secours à l'empereur.

Depuis 1801, nous sommes liés par un traité qu'a signé à cette époque le pouvoir exécutif par la main du premier consul.

Depuis un siècle, le monde a évolué, les institutions ont changé. De nos jours, le chef du pouvoir exécutif, un franc maçon cependant, ne se dispose pas à dénoncer le traité.

Le Concordat doit être envisagé sous son véritable aspect : il n'est, en somme, qu'un pacte conclu entre un pape et Bonaparte pour soumettre la conscience libre des Français à l'esprit de préjugé, à la domination de la superstition unie à la domination d'un Napoléon couvant en Bonaparte ; on peut admettre l'alliance du trône et de l'autel, mais la France républicaine ne peut concevoir l'alliance de la nation et de la papauté.

Du reste, le Concordat est une convention dont

la caducité est prouvée par la lézarde pratiquée dans la concrétion des lois organiques.

Le 26 février 1810 a été abrogé l'article 26, stipulant la justification par tout prêtre en exercice d'un revenu annuel de 300 francs; sous la Restauration, par la loi du 11 juin 1817, le Concordat de 1516 a été remis en vigueur.

Ces raisons nous paraissent suffisantes pour que les républicains vraiment dignes de ce nom ne se fassent aucun scrupule pour battre en brèche les lois organiques et délivrer la France des liens qui l'étreignent.

LE SOCIALISME CHRÉTIEN

Ces deux mots accolés résonnent à l'oreille comme une note fausse. Aujourd'hui plus que jamais le socialisme et le christianisme sont placés aux pôles opposés. En désignant ainsi une fraction du parti clérical nous nous exposons aux protestations des socialistes et aussi à celles des cléricaux,

Les socialistes évolutionnistes, de même que les socialistes révolutionnaires ne reconnaissent pas comme socialistes ceux qui, avec un programme moderne se réclament encore de certains passages de l'Evangile, tirés du reste de la Bible, et qu'on retrouve parmi les préceptes des autres religions ; d'un autre côté, les politiciens cléricaux repoussent l'épithète et prétendent ne répondre qu'à l'appellation de démocrates chrétiens.

Peu nous chaut l'épithète. Les cléricaux seuls y attachent grande importance.

Lors du congrès régional de l'œuvre des cercles catholiques tenu à Angers, l'orateur chargé de prononcer le discours d'ouverture répudiait déjà le qualificatif. L'année suivante M. Claudio Jeannot insistait derechef sur ce même point. « Il y a long-temps que nous avons écrit que des catholiques ne sauraient être socialistes parce que par essence le socialisme était antichrétien, mais qu'il pouvait seulement y avoir des catholiques commettant de lourdes fautes économiques. » (*Le Correspondant* du 10 décembre 1893.)

Si nous nous en tenons aux termes mêmes du congrès des œuvres catholiques de Malines : « Il n'existe pas, il ne peut exister de socialisme catholique... » ce congrès non seulement repousse le socialisme chrétien mais incrimine la propagande des démocrates chrétiens. Le rapporteur a du reste recueilli les applaudissements et l'adhésion de la majorité des congressistes en développant cette proposition : «Ne rougissons pas, affirmons hautement la prétention de diriger, dominer et gouverner le peuple. »

Point n'était besoin de dissimuler le but et les moyens ; aussi devant cet auditoire en communion d'opinion, le rapporteur pouvait-il franchement dévoiler les batteries de son parti. Il n'en est point de même lorsqu'il s'agit de grouper les ouvriers sous la dépendance de l'Eglise.

Pour recueillir, des adhésions les conférenciers cléricaux sont dans la nécessité de se retrancher derrière un grand nombre d'articles du programme du parti ouvrier élaboré au congrès socialiste de Marseille et commenté par les citoyens Guesde et Lafargue pendant leur captivité à Sainte-Pélagie. La tactique des socialistes chrétiens s'éloigne de celle du parti ouvrier français et se rapproche de celle des anarchistes et de celle adoptée par le parti ouvrier socialiste révolutionnaire, ces deux derniers partis, les anarchistes et les allemanistes, repoussent l'action politique et prétendent que l'action syndicale est la seule arme qui puisse abattre l'exploitation capitaliste.

Le congrès de l'Union tenu à Autun s'est en effet déclaré « unanimement convaincu que l'action corporative est le seul moyen de remédier aux maux engendrés par l'état anarchique dans lequel nous vivons. »

Aussi ceux que par convention nous dénommerons socialistes chrétiens préparent-ils le lit où doit passer le courant du socialisme matérialiste. Par leurs résultats les menées des socialistes chrétiens de Belgique nous offrent une preuve du concours involontaire qu'ils apportent à la cause socialiste. Les démocrates chrétiens fondent des organisations ouvrières, les propagandistes du parti ouvrier passent quelque temps après et récoltent des voix partout où l'union des cercles a semé l'idée.

Il en est de même en France, dans la région du Nord les catholiques préparent le terrain. Aussi, constatant ces conséquences, les monarchistes intransigeants s'écrient : « Soyons sans miséricorde même sans indulgence pour ceux qui, dans leur aveuglement, prêchent et défendent le socialisme chrétien. » (*Le Soleil* 18 septembre 1897.)

Un des fondateurs de l'union ouvrière de Liège le chanoine Pottier dans le journal *le Bien Public* avait reconnu que le sort des salariés était digne de compassion. Le recteur de l'université catholique de Louvain lui répondit par une lettre ouverte : « Les ouvriers, écrit-il, les paysans n'ont pas à se plaindre, leur sort doit les satisfaire, si quelque chose leur manque c'est la foi et les vertus. » Ce recteur a dû paraître bien rococo aux démocrates chrétiens de Belgique qui déclarent imminente la solution de la question sociale.

Mais, malgré ces dissentiments, les cléricaux sont tout à fait unanimes lorsqu'il s'agit de combattre les partis avancés. Un nouveau schisme dans l'Eglise n'est pas à redouter. Cependant parmi les précurseurs du socialisme chrétien on peut sans conteste placer l'abbé de Lamennais dont la théorie sociologique amena entre lui et la papauté des démêlés restés célèbres.

« Lamennais, a dit M. Spuller, fut pour son propre compte ce que l'Eglise est en train de faire aujourd'hui ». L'homme à l'esprit nouveau, ce disciple de Gambetta qui a mal tourné, a-t-il voulu par cette affirmation faire ressortir une des contradictions de l'Eglise.

En effet le catholicisme s'assimile et reprend les théories de l'abbé de Lamennais, théories qu'elle condamnait il y a soixante ans.

M. Roussel, prêtre de l'oratoire de Rennes, a constaté lui aussi dans un ouvrage sur Lamennais le manque de logique de l'Eglise, la diversité de ses vues : « Les idées politiques de Lamennais, écrit-il, aboutissaient toutes à ce qui passait alors pour une hérésie monstrueuse, une utopie sacrilège et qui est bien près aujourd'hui de devenir un dogme, le socialisme chrétien. »

Deux militaires ont synthétisé deux politiques extrêmes. L'un repose dans le cimetière d'Ixelles à côté de Mme de Bonnemain, l'autre est aujourd'hui chef de secte. Voici son portrait tracé dans la *Réforme* par M. Camille Pelletan :

« Ce jeune père de l'Eglise a eu pour Thébaïde un régiment de cuirassiers. Il a été capitaine, il est comte, il a le ton mondain et la désinvolture cavalière. O l'étrange orateur sacré ! Il ne parle pas, il répète. Dès qu'il ouvre la bouche, ce ne sont que capucinades, élans de dévotion, actes de foi, et les choses dévotes qu'il débite d'après un manuscrit font avec sa crânerie l'antithèse la plus comique. On dirait le Syllabus chanté sur l'air de la *Lettre à Metella*, la messe dite sur une table du Café Anglais, ou la croisade prêchée d'une fenêtre de Tortoni. Si ses jeunes camarades bonapartistes n'avaient pas l'exquise distinction qu'on leur connaît, ils lui demanderaient sans doute, aux heures de confidences, « s'il n'a pas fini de faire son « Pierre l'Hermite ».

« Pourtant, voilà l'orateur attitré de l'Eglise, plus que ne le fut jamais l'évêque d'Orléans, suspect d'hérésie ! — C'est pour lui qu'on réserve le bourg pourri du cléricalisme, — c'est à lui qu'on remet le soin de faire les manifestes du catholicisme, — c'est lui qui va prêcher de ville en ville la croisade contre la Révolution, — c'est lui qui scelle l'alliance de je ne sais quel socialisme bâtard avec le parti de Loyola ! — Il est l'arche sainte. Anathème à qui le touchera ! »

M. le comte de Mun qui, dans son ascendance compte Jacques Stuart, un grand d'Allemagne électeur du Palatinat, est lui-même arrière-petit-fils de Helvétius l'un des célèbres encyclopédistes qui, avec d'Alembert, Voltaire, Diderot, Jean-Jacques, Condorcet ont ébranlé l'ancien régime.

Le produit de tels sangs mêlés devait tenir de race. Il a d'un côté défendu et admiré le trône et l'autel, puis d'un autre daigné jeter un regard de pitié vers les humbles ; il a prêché d'exemple la dualité du champ de vision et recommandé aux ouvriers de contempler le ciel et de ne pas dédaigner leurs intérêts ici-bas, les condamnant ainsi au strabisme divergent dont était affligée la mythologique chimère.

Chimère ! N'est-ce pas là le qualificatif qui convienne à ce socialisme chrétien que préconise une nouvelle secte hantée par l'utopie. Après Saint-Simon, Rodrigues et le P. Enfantin les néo-chrétiens de Ménilmontant, les utopistes Fourrier, Cabet et l'auteur du Circulus se sont égarés dans un socialisme d'où le déisme n'était pas banni.

Surenchérissant, M. de Mun ne se contente pas de placer son idéal sous les auspices de la religion, il le case sous la haute protection des sabres de ses anciens compagnons d'armes. Une vingtaine d'officiers accordent leur adhésion à l'œuvre des cercles catholiques ouvriers; il est vrai que nous retrouverons quelques-uns de ces noms sur le fameux livre d'or de l'armée. Dès 1873 fonctionne cette nouvelle union catholique. M. de Mun qui devait se révéler orateur de grand talent entreprend dans toute la France une propagande active ; à Paris, à Lyon, à Saint-Etienne, Nantes, Chartres, il conférencie, organise les cercles ouvriers.

Le but poursuivi, un maître de forges l'indiquera dans l'organe de la démocratie chrétienne la *Revue de l'Association catholique*. La corporation tel est le piège dans lequel les cléricaux veulent faire tomber les prolétaires soumis au règlement de l'organisation sociale chrétienne; mais comme première étape il faut d'abord arriver à la christianisation de l'Usine, c'est-à-dire courber

l'ouvrier sous la discipline de Notre-Dame de
l'Usine.

Tel est le plan de ces MM. le comte de Mun, et
de la Tour du Pin Chambly.

Or, à la Chambre, M. l'ingénieur Emile Moreau,
député du Nord a dépeint ces bagnes catholiques
plus connus sous le nom de Notre-Dame de l'Usine
où peine une partie des salariés de Roubaix, Tour-
coing dans le Nord, en Saône-et-Loire dans les
usines Chagot à Montceau-les-Mines, à Warmeri-
ville dans le bagne industriel où commande
M. Léon Harmel que M. de Mun, le 12 septembre
1896, au congrès de Landernau reconnaissait digne
d'être dénommé l'apôtre de l'Usine.

Dans l'enfer social dénommé Notre-Dame de
l'Usine aucune liberté de conscience n'est accordée au travailleur les amendes pleuvent au
moindre juron ; le dimanche les ouvriers sont
conduits en troupeau à la chapelle et conduits de
même à l'urne aux jours de scrutin ; dans la salle
de vote seulement on leur remet le bulletin qu'ils
doivent déposer devant le patron qui, s'il ne parle
pas, ou ne commande pas à la baguette sait se
faire obéir. Un de ses regards est une injonction.
L'ouvrier doit abandonner ses droits de citoyen
politiquement libre ou son gagne-pain. Une seule
liberté lui reste celle d'opter entre ces deux alter-
natives, et encore les bouches à nourrir ne lui
laissent pas le choix. Voilà ce que le cardinal de
Lavigerie appelait défendre la religion sur le terrain constitutionnel.

Dans les régions où les cléricaux sont organisés,
des Schneider défendent à la Chambre les intérêts
des ouvriers en votant avec les banquiers ; ailleurs

dans une circonscription rurale quelques gros industriels, un syndicat de maîtres de forges imposent aux cultivateurs un candidat qui, au Palais-Bourbon, défendra les intérêts de l'agriculture en se préoccupant uniquement des services qu'il pourra rendre à la poignée de capitalistes dont il s'est fait le valet.

Malgré que cette exploitation cynique de la masse électorale amène les protestations des électeurs conscients, ne nous effrayons pas outre mesure du contact du salarié et du patron clérical. Après avoir abordé les organisations catholiques, les ouvriers ont hâte de les quitter; ils les abandonnent sans regret, sans espoir de retour, car la rupture est alors raisonné, et irrévocable. Les exemples de ressaisissement sont nombreux. Nous citerons en France Corbon qui du socialisme chrétien a évolué vers le radicalisme, a rédigé à l'ancien *Rappel* et fut élu sénateur de la Seine avec un programme nettement anticlérical ; en Hollande Domela Niewenhuis, ancien prédicateur luthérien a passé au socialisme et depuis à l'anarchisme.

Malgré cette répulsion, lente parfois à se manifester, on ne saurait trop prémunir les ouvriers contre le danger tout au moins momentané dont les menace l'Eglise qui descend dans l'arène ; que ceux dont le clergé cherche à capter la confiance et surtout les citoyens qu'a désillusionnés le piétinement opportuniste se pénètrent bien des desseins du parti clérical, qu'ils sachent que si l'Eglise s'intéresse à la question sociale ce n'est que pour la dénaturer ou la faire tourner à son profit, c'est-à-dire trahir la cause de malheureux

trop confiants. Les cléricaux, a-t-on dit, ne vont
au peuple que pour que le peuple aille à eux.

Le socialisme chrétien tend surtout à retenir
les soldats de l'armée du travail sous le joug pe-
sant du capitalisme et de l'Eglise, sous la loi du
patron clérical. Sous ses apparences démocratiques, ce parti fait le jeu de l'Union conservatrice
de la réaction monarchique. En Belgique où fonctionne le scrutin de liste, les socialistes chrétiens
figurent sur les mêmes listes que les cléricaux, du
reste comme l'a prouvé M. Louis Bertrand, rédac-
teur en chef du *Peuple* de Bruxelles, certains propagandistes de la démocratie chrétienne ne s'occupent de grouper les œuvres catholiques que pour
les domestiquer au parti conservateur.

D'ailleurs en France, à la tête des cercles ouvriers, dans les comités de patronage figurent des
marquis, des comtes, des capitalistes, des évêques ; les membres actifs des groupes commencent à tenir en suscipion tous ces personnages qui
recommandent aux ouvriers de déléguer leur patron aux congrès de l'union des cercles.

Au congrès de Grenoble la présidence fut dévo-
ue à l'évêque Fava ; lors du dernier congrès de
Reims la coupe trop pleine déborda ; les ouvriers
résolurent de se débarrasser de la tutelle encom-
brante de M. le comte de Mun qui exerçait les
fonctions de secrétaire général et en réalité la dic-
tature.

Aujourd'hui les cléricaux redoutent les éléments ouvriers, pour eux des serpents nourris
dans leur sein ; ils craignent que l'union des groupes
catholiques ne suive plus la ligne de conduite que
lui a tracée le chef de la camarilla du pape ; les

cléricaux appréhendent que les ouvriers catholiques ne se confinent plus dans le programme de l'Internationale noire énoncé par le Bulletin de correspondance de Cologne.

Les socialistes chrétiens ainsi que les révolutionnaires ne sont pas dans leurs organisations exempts de dissensions. Avant l'incident de Mun, deux chapelles déjà se disputaient les partisans : les disciples de Le Play se contentant du rétablissement du droit d'aînesse étaient hostiles à l'intervention de l'Etat, les autres, ceux qui se groupaient sous l'autorité de M. de Mun acceptaient l'inter vention de l'Etat dans les rapports du capital et du travail. Aujourd'hui se développe une autre fraction indépendante. Cette scission en différents groupements du parti socialiste chrétien ne doit pas contribuer à réconcilier entre eux les catholiques qui se tirent les uns sur les autres à boulets blancs.

M. des Houx, dans le journal *Le Matin*, appelle les foudres pontificales sur le socialisme chrétien qu'il dénonce comme la plus détestable des hérésies. M. Drumond constate l'inefficacité des cercles catholiques qui n'ont déterminé, écrit-il, aucun grand courant d'idées ; ils n'ont en réalité, ajoute-t-il, qu'une médiocre signification sociale.

Ces préoccupations, que suscitent chez les cléricaux l'œuvre des socialistes chrétiens, nous intéressent moins que le but qu'ils poursuivent.

Nous savons qu'une fois organisées, les Notre-Dame de l'Usine doivent marcher en rangs serrés vers l'objectif commun : la reconstitution des corporations.

Et ces syndicats agricoles catholiques, dont au

Congrès de Tarbes, M. Durand a vanté les bienfaits
ne sont-ils pas les premiers embryons, la nucelle
qui, développée servira de modèle aux diverses
corporations rurales que veulent créer les cléricaux. Naturellement le plan comporte la centralisation et l'administration entre les mains du haut
clergé lequel, d'après les instructions venues de
Rome, ferait un jour dévier ce mouvement corporatif en action politique.

Dès maintenant, que les cléricaux le veuillent
ou non, ces efforts pour rétablir les anciennes
corporations n'ont-ils pas une tendance politique?
N'est-ce pas vouloir faire retour vers le passé,
ramener le prolétariat en voie d'affranchissement
économique sous la discipline des jurandes et des
maîtrises qui, comme sous Louis XVI, consti-
tueraient des sociétés privilégiées au détriment du
plus grand nombre des producteurs. Voilà le but
que poursuivent les socialistes chrétiens. Inféoder
dans des syndicats mixtes l'ouvrier qui devra
déposer aux pieds des patrons les quelques libertés
ou avantages qui lui ont coûté un siècle d'efforts.
Que, dans leurs tournées de propagande, les conférenciers exposent franchement le but de la nouvelle campagne cléricale, qu'ils tentent seulement
de démontrer au paysan que, pour son bien,
l'Eglise cherche à le replacer sous le joug du seigneur et de l'évêque, l'accueil que leur feront les
intéressés leur retirera toute envie de repasser
dans le pays.

Le retour aux anciennes lois du travail a été
préconisé par un jésuite, le P. de Pascal : « Pourquoi, écrit-il, ne demanderions-nous pas des
leçons d'architecture sociale à ces vieux construc-

teurs qui, l'histoire en fait foi, ont donné quelques preuves d'adresse et d'habileté. »

Les corporations dont se réclament les cléricaux, c'est-à-dire celles qui prospéraient sous l'ancien régime, ont, comme la noblesse depuis plus d'un siècle, terminé leur rôle historique, et les causes mêmes qui les ont discréditées s'opposent encore à leur rétablissement.

Mais là ne s'arrête pas le programme des socialistes chrétiens ; ceux d'entre eux qui ne sont pas que des utopistes, ceux qui, comme le cardinal Manning, en Angleterre, et M. le comte de Mun, en France, ont observé la décadence de la société capitaliste, pressentent un virement brusque, un de ces mouvements qui, comme la révolution de 89, hâtent la reproduction des sociétés toujours en période de gestation d'une société nouvelle.

« Le siècle qui s'achève, écrit M. de Mun, n'emporte pas seulement avec lui l'histoire écoulée d'un cycle de cent années, il marque, dans ses dernières heures, l'irrémédiable déclin d'une doctrine déchue et d'un système épuisé. C'est le siècle de l'individualisme qui s'écroule en ruines, avec la conception sociale et l'organisation politique qui furent son expression, la toute-puissance de la richesse et le pouvoir absolu de la bourgeoisie matérialiste... C'est un âge qui finit, tout le monde le sent, et, comme aux dernières années du xviiie siècle, il se fait partout, dans tous les milieux, dans tous les esprits, un travail de transformation, dont l'activité augmente à tout instant. Les vieux moules politiques et sociaux sont brisés, leurs morceaux disjoints ne sont plus qu'à peine assemblés. Que sera le moule de la société nouvelle? Voilà la question qui agite l'univers. »

Ce jugement, porté par le leader des socialistes chrétiens sur la société bourgeoise en travail de décomposition, permet de supposer que les cléricaux, prévoyant une révolution, craignent que la solution de la question sociale, l'avènement du quatrième Etat, ne soit résolue sans eux ; ils cherchent à prendre la direction du mouvement tout en essayant de l'enrayer ou, tout au moins, de le retarder.

Dans le compte rendu du Congrès de Troyes, publié dans le journal *l'Univers*, cette préoccupation est avouée par l'abbé Jude de Kernaeret : « Si cette question est résolue sans nous, écrit-il, elle le sera contre nous. »

Cette constante préoccupation des cléricaux les a déterminés à se jeter dans la mêlée sociale, non seulement en France et en Belgique, mais partout où les rapports entre le capital et le travail présentent aux yeux des capitalistes épouvantés une tension telle qu'une rupture violente est à craindre.

En Angleterre, Manning, archevêque de Westminster, secondé par le vicaire Stubbs et par Bagshawe, évêque de Nottingham offrait comme transaction palliative la journée de huit heures, déjà appliquée du reste dans les arsenaux de l'amirauté. Gibbons, archevêque de Baltimore aux Etats-Unis, Ireland, archevêque de Saint-Paul de Minesota, cherchent à arracher des concessions aux riches capitalistes Yankees.

En Allemagne il en est de même ; l'archevêque de Mayence Ketteler que Léon XIII appelait son précurseur, a été secondé par une pléiade d'écrivains et de conférenciers : les Jaeger, les Schings, von Hohenberg, des prêtres comme Monfang, l'abbé Hitze qui a présidé au Reischtag le groupe des députés chrétiens. En Autriche ce fut un Allemand, Rudolph Meyer, qui enrôla les catholiques en parti politique ; mais bientôt les socialistes chrétiens furent absorbés par les antisémites dont le chef, le Dᴿ Lueger, est bourgmestre de Vienne. Les orages déchaînés au Reischrath par le groupe parlementaire des antisémites sont trop récents pour qu'il soit utile de les rappeler.

Les séances de la Chambre des représentants autrichiens ont été rendues tumultueuses par ce petit groupe qui, peu parlementaire, adressait fréquemment des quolibets et des injures aux quelques juifs qui siègent à côté d'eux. Ces derniers reprochent à leur tour à l'antisémite Mittemayer de nombreux méfaits ; le parfumeur Groblich de Brünn, chef des antisémites de Moravie, aurait subi une demi-douzaine de condamnations infamantes.

La querelle est envenimée, mais dans cette enceinte du Reischrath où se coudoient des représentants de nationalités si diverses, les questions de religion ne sont en définitive que des questions de race.

Le Dᴿ Lueger peut secouer d'importance les sémites au nez crochu mais le représentant de Vienne ne sera jamais, ainsi que les antisémites et tous les socialistes chrétiens, l'épouvantail qui puisse effaroucher les capitalistes au point de leur faire lâcher les privilèges, monopoles et autres moyens d'exploitation qu'ils détiennent et retiennent entre leurs doigts crochus. A Vienne comme à Paris la haute banque juive est prospère au détriment du petit commerce et du public en général; mais dans la capitale autrichienne a séjourné et opéré le même Bontoux (1), ce pieux banquier très chrétien qui, malgré de très ardentes convictions religieuses, a su drainer la petite épargne déposée dans les coffres-forts de l'Union générale d'où elle est partie en pèlerinage sans billet de retour.

1. Lorsque le socialiste chrétien Rudolph Meyer fut menacé d'expulsion pour s'être livré a des attaques envers le Ministère Taaffe le sieur Bontoux s'empressa d'intervenir en sa faveur.

LES RALLIÉS

L'alliance des droitiers et des opportunistes unis dans un effort commun de résistance remonte en réalité aux élections générales de 1889. La preuve de l'entente fut fournie à la Chambre pendant la séance du 8 décembre 1889.

Au moment où les élus procédaient aux opérations de validation, le pacte conclu entre le ministre de l'intérieur M. Constans et la droite fut avoué ; la droite avait décidé de ne pas [attaquer l'élection du ministre à Toulouse, élection aussi louche que celle qui le fit entrer au Sénat le 4 janvier; de son côté M. Constans s'engageait à laisser valider sans opposition quelques droitiers compromis.

Cette hypothèse ressort de la réponse faite à M. Floquet qui en sa qualité de président avisait la Chambre qu'aucun membre de la droite ne s'était fait inscrire pour dénoncer la candidature officielle et la pression administrative : « nous avons des raisons pour cela, vous savez bien que nous ne sommes pas libres, dit une voix à droite. — Comment vous n'êtes pas libre, s'exclama M. Floquet, étonné. — Non, lui répliqua-t-on nous sommes liés. » Moins d'un an après cet aveu de pacte, un prince de l'Eglise tendait à M. Piou et à quel-

ques-uns de ses amis politiques une perche qui leur
permit de sauter d'un bond dans le camp ennemi.
Ils se ralliaient à la République.

Sur cette même colline de Byrsa où saint Louis
mourut, le cardinal Lavigerie, primat d'Afrique,
rêva un jour de ramener la République française
sous la tutelle du pape, il imagina comme moyen
le ralliement du clergé à la République.

L'occasion de faire une démonstration en faveur
du régime républicain se présenta au cardinal le
12 novembre 1890 ; un banquet offert à Alger à
l'état-major de l'escadre de la Méditerranée fournit prétexte à M. Lavigerie, dans un discours
devenu célèbre de donner conseils aux anciens
partis d'adhérer à la République : « Quand la volonté d'un peuple s'est nettement affirmée, que la
forme d'un gouvernement n'a rien en soi de
contraire, comme le proclamait dernièrement
Léon XIII, aux principes qui, seuls peuvent faire
vivre les nations chrétiennes et civilisées, lors
qu'il faut, pour arracher son pays aux abîmes qui
le menacent. l'adhésion sans arrière pensée à
cette forme de gouvernement, le moment vient de
déclarer enfin l'épreuve faite et, pour mettre un
terme à nos divisions, de sacrifier tout ce que la
conscience et l'honneur permettent, ordonnent à
chacun de nous de sacrifier pour le salut de la
Patrie. »

Ce discours, dont nous avons détaché ce passage,
eut un grand retentissement dans le monde clérical ; des polémiques s'engagèrent entre journaux
approuvant les idées du cardinal et feuilles s'hono-
rant de ne pas transiger avec les principes.

Le pape dut prendre position dans le débat.

L'évêque Freppel, Mme d'Uzès tour à tour sollicitèrent Léon XIII pour qu'il intervînt en faveur des intérêts monarchiques. A l'encontre du but de ces démarches, le pontife, conseillé par le cardinal Rampolla, se montra favorable à la médiation tentée par l'archevêque de Carthage, et, dans une audience accordée à M. Piou remit ses instructions au député de la Haute-Garonne.

Le 9 février 1891, le pape écrivit à M. Lavigerie, lui affirmant que cette politique de ralliement était un besoin répondant parfaitement aux condition du moment. La cour de Rome, dans sa façon d'envisager la politique en l'an 1891, suivait un un conseil émis par Victor Hugo en 1846 : « Un pape qui marcherait selon son temps devrait dominer et pourrait soulever le monde. »

Une rupture se faisait dans le camp des droitiers ; les hommes politiques qui comme M. Paul de Cassagnac et M. le comte d'Haussonville défendirent toujours ardemment et honorablement des convictions sincères flétritent comme il convenait la virevolte des ralliés.

C'est au moyen d'une lettre rendue publique et et adressé à M. d'Haussonville que, en février 1891, M. Piou, alors député de Saint-Gaudens, avait déclaré se rallier à la république. M. d'Haussonville, resté fidèle serviteur du comte de Paris, critiqua violemment, dans une réunion à Nîmes, la conduite des apostats qui, par leur défection, trahissaient la cause monarchique :

« Ce que notre honneur ne nous permet pas, dit-il, c'est après avoir dit et déclaré à la face du pays que nous étions des monarchistes..... c'est de solliciter du jour au lendemain et parce que nous avons subi une défaite d'un jour, notre incorporation dans les rangs de l'armée ennemie, alors que nous ne serions pas sûrs d'être reçus avec les honneurs de la guerre . » M. le vicomte de Bonald, dans un article paru dans l'*Observateur français* du 30 novembre 1890, s'éleva en ces termes contre cette tentative : « La conscience et l'honneur permettent-ils un pareil sacrifice? Rien n'est moins démontré. »

Et cependant, ce même cardinal Lavigerie, que l'on croyait animé des meilleures intentions envers la république, sous prétexte de prêter son concours aux œuvres de colonisation, faisait détester la France dans les écoles fréquentées par les indigènes. Le but était peut-être le contraire du résultat obtenu, mais quelle imprudence que donner aux enfants de religion musulmane des éducateurs choisis parmi les frères de la doctrine chrétienne appelés vulgairement ignorantins. Cette préoccupation décelait le désir de soumettre les mahométans sous le joug du pape. Connaissant le fanatisme des habitants n'était-ce pas courir le risque de les éloigner que vouloir leur imposer des précepteurs que repoussaient les chrétiens eux-mêmes.

C'est à cet homme d'Eglise que M. Méline est redevable de la durée de son ministère, le contingent des voix apportées par les ralliés à la majorité hétéroclite (1) de ce ministère opportuniste lui a permis de résister aux attaques de la démocratie vraiment républicaine.

Quelle signification donner à cette capitulation

---

1. « Les éléments dont s'est enfin constituée la majorité étaient si épars. » (Discours de M. Waldeck-Rousseau à Reims.)

réelle ou feinte du parti clérical? Y a-t-il calcul, arrière-pensée? Ce genre de transaction a été employé déjà par divers régimes disparus. Cette résolution serait-elle un prodrome de décomposition?

Le clergé s'incline comme a dû lors les dernières années de son règne s'incliner Louis XVI. Napoléon III a du pactiser lui aussi et se contenter d'être de 1868 à 1870 le souverain d'un empire libéral. Ces deux monarques se sont inclinés, mais jusqu'à la chute.

D'autre part, n'y a-t-il pas plutôt dans ce revirement de l'Eglise quelque tentative de reprendre un rôle, un rôle plus actif encore dans le gouvernement des peuples? Que signifie ce Passé se décidant enfin à avancer, à rattraper le Présent et marcher de front avec lui?

Vouloir le rejoindre n'est-ce pas vouloir le rallier, se l'assimiler.

Le cardinal Lavigerie a pu dire dans son discours d'Alger : « Ce serait folie d'espérer soutenir les colonnes d'un édifice sans entrer dans l'édifice lui-même, » l'histoire romaine nous enseigne que les plus grandes trahisons ont été commises par des transfuges qui, sous prétexte de le renfoncer, s'introduisaient dans le camp ennemi.

Il faut l'inexpérience ou l'aveuglement voulu d'un centre gauche pour croire à la bonne foi de la plupart des nouveaux venus à la république; les républicains sincères ont cependant jeté l'alarme et des politiciens monarchistes ont indiqué le danger, mais les opportunistes intéressés se sont refusé à le reconnaître. « Les ralliés, dit M. Numa Baragnon, acceptent la république dont les lois s'imposent à leur obéissance matérielle mais ils ne peuvent accepter comme définitif un régime qu'ils jugent foncièrement mauvais. » Certains ralliés il est vrai, les sincères, ne réclament plus le rétablissement du trône, ils ne tiennent pas à être gouvernés par un souverain, ils ont en effet plus d'avantages dans la république bâtarde, la république à juste titre dénommée république des ralliés ; ils contribuent pour une grande part au gouvernement dirigé par les ministères opportunistes qui ne se maintiennent sur l'eau que grâce à eux tout en dirigeant le gouvernail à droite. .

« La république bien comprise, écrit M. Ludovic Karvet (1), offre plus de garantie pour l'Eglise que toutes les autres formes du gouvernement ; » et plus loin : « La république est le seul gouvernement qui en nous permettant d'arriver au pouvoir nous permette aussi de défendre nos intérêts de catholiques. »

Cet aveu franc, dépouillé d'artifice signifie : Il nous faut pénétrer dans la place, entrer dans la république bien comprise, la république des ralliés, sans déposer les armes, les républicains sont assez naïfs pour ne pas se méfier d'alliés qui cependant dans leurs bagages de transfuges auront fait passer le cléricalisme.

Dans un autre ordre d'idées il peut paraître surprenant que des Français accordent encore leur confiance à des hommes qui se déclarent serviteurs dévoués de l'Eglise et du pape, prêts à obéir aux injonctions de l'Italien Pecci dit Léon XIII lequel a su prescrire aux catholiques

1. Catholiques et républicains, rallions-nous.

de France cette insinuation : un bon citoyen doit aimer sa patrie, mais doit aimer davantage l'Eglise. Malheureusement trop de nos concitoyens stylés par les écrivains et les prédicateurs de l'Internationale noire suivent ce conseil.

Nous ne saurions trop nous mettre en garde contre les dangers dont nous menacent les dirigeants italiens, les conseillers du Vatican et les souverains du Quirinal. Trop souvent la politique des deux cours de Rome a été funeste à la France qui a subi en 1870 le contre-coup de leur hostilité.

Le 24 novembre 1876 le prince Jérôme Bonaparte, gendre de Victor-Emmanuel, narrait à la Chambre pour quelles raisons l'Italie n'était pas venue au secours de la France qui cependant en 1859, lui avait apporté son généreux concours.

Le roi d'Italie avait, paraît-il, posé comme condition *sine quâ non* à Napoléon III de ne pas prendre la défense du Vatican dans le cas où l'Italie voudrait compléter son unité. L'empereur passa outre, soutint le pouvoir temporel du pape et s'aliéna de la sorte un allié dont l'effort joint à ceux des Français qui ont fait leur devoir aurait peut-être repoussé hors de nos frontières les hordes allemandes.

Multiples sont les raisons pour lesquelles nous devons nous mettre en garde contre ces anciens adulateurs de rois en exil qui essaient de diriger la république. Déjà celle-ci piétine sur place, sa halte dans la boue s'est prolongée trop longtemps. Il ne faut pas compter sur le zèle des ralliés pour la faire démarrer du bourbier dans lequel elle s'est empêtrée. Loin de la dégager les faux républicains, les républicains du surlendemain n'attendent que le moment propice de l'enfoncer davantage, la renverser dans la fange où l'ont conduite les opportunistes criminels qui flétris par l'opinion, appellent à leur aide leurs ennemis d'hier déchus, composent avec eux, et, à force des concessions livrent la France à la coterie cléricale.

Le cabinet Méline n'a pas craint, en donnant des gages manifestes à la réaction, de mécontenter le peuple de Paris libre-penseur par excellence.

Tous les ans le premier dimanche d'août les sociétés anti-cléricales de Paris prennent rendez-vous place Maubert au pied de la statue d'Etienne Dolet pour célébrer l'anniversaire du supplice de l'imprimeur libre-penseur.

En 1897, par ordre de la préfecture les couronnes d'immortelles rouges ont été enlevées sous prétexte que leur séjour sur le marbre laissait des traces rouges. Quelque temps après une barrière s'élevait autour du monument, il était devenu urgent d'ôter aux orateurs la facilité d'escalader le socle, tribune recherchée. Cette mesquinerie n'avait qu'un seul but : contrarier les ennemis de la réaction. Il importait peu en effet aux amis des cléricaux que la base d'un monument protestataire fût dégradée, ce n'est pas là le mobile qui les a fait agir. Du reste à Londres les meetings de Trafalgar-Square se tiennent autour de la statue de Nelson dont le piédestal, toujours escaladé par les orateurs, n'a jamais été dégradé.

Il ne faut donc voir là qu'une déférence au parti clérical, aux nouveaux amis de M. Méline, ces royalistes ou bonapartistes d'hier qui ont abandonné l'étiquette qui leur faisait perdre des positions ; mais ils espèrent les reconquérir en s'affublant du masque républicain.

Ces cléricaux ont été admis dans la république de M. Barthou en qualité de républicains, il ne saurait en être autrement. M. Barthou en effet, dans une chronique parue dans le journal *Le Matin*, avait déclaré qu'il ne consentirait jamais à gouverner avec l'appui de la droite. Dans un discours prononcé à Lille le 27 mai 1895 le même M. Barthou disait textuellement : « Ai-je besoin de vous dire que si nos adversaires demandent à entrer dans la république c'est pour détruire l'œuvre que la république a édifié sur des bases inébranlables. »

Or, le gouvernement de M. Barthou a toujours été soutenu par la droite. Le ministre de l'intérieur du cabinet Méline accepta l'aide de la droite ralliée, l'admit comme auxiliaire lorsqu'il savait pertinemment qu'elle venait à la république pour la détruire.

Périsse la république, pouvait-il dire, pourvu que je conserve mon portefeuille.

M. Barthou en tirant son maroquin à droite faisait le jeu des ralliés qui, si les convictions leur font défaut, ne manquent pas d'appétits ; les ralliés ont abandonné leur roi ou leur empereur, de propos délibéré ; avec une désinvolture égale M. Barthou mettait la république en danger. Ni foi robuste, ni convictions sincères.

La forme du gouvernement importe peu à cette majorité sur laquelle s'est appuyée le ministère Méline. Une seule préoccupation : avoir sa part à la curée.

« Puisque nous ne pouvons nous soustraire à ce grand mouvement républicain qui nous enve-

loppe et travaille toutes les nations, écrit M. Karvet (1), puisque nous ne pouvons l'arrêter ni l'empêcher, si nous ne voulons pas nous laisser entraî-
ner par lui, dirigeons-le »

Il est certain qu'en employant cette nouvelle
tactique, les ralliés devaient être accueillis à bras
ouverts par des hommes qui, comme ce président
du conseil, ministre de l'agriculture, ont toujours
redouté que les républicains d'extrême-gauche ne
fissent rendre gorge aux spéculateurs, les proté-
gés de tous les ministères d'affaires qui toujours
ont joui de prérogatives que seules les monarchies
et les républiques bâtardes peuvent tolérer.

Il y a plus d'un siècle, les aristocrates, pendant
la nuit du 4 août, sacrifièrent sur l'autel de la
patrie leurs privilèges, ils étaient, pendant cette
nuit historique d'autant plus sincères que nombre d'anciens privilèges comportaient des intérêts
matériels.

Beaucoup de ci-devant nobles se félicitèrent
d'avoir contribué à l'avènement de l'ère nouvelle.
Quelques années plus tard en 1795, nous dit Miche-
let : « Tout ce monde pouvait agir d'autant plus
efficacement, que la gamme du royalisme, infini-
ment variée, favorisait l'équivoque. La plupart
niaient hardiment qu'ils fussent royalistes. Longtemps encore après, l'un d'eux disait à Carnot :
« Celui qui songerait à rétablir la royauté mérite-
« rait les petites-maisons. » A l'abri de telles paroles, on s'avançait à couvert. Tous parlaient
comme Girondins, comme bons républicains, zélés
pour la liberté, la souveraineté du peuple... Des

1. *Loco citato.*

6

Girondins détrempés aux royalistes constitutionnels, aux royalistes violents, aux agents idiots de
Vérone, aux plus féroces chouans, le langage de-
venait le même : attester la liberté, la souveraineté
du peuple, au besoin la République, *afin de mieux
l'étouffer.* »

Les nouveaux ralliés au contraire s'apprêtent à
battre en brèche les principes de 89 que les ralliés
d'autrefois, les nobles ralliés à la révolution con-
tribuèrent à ériger. De ces principes s'écartent de
plus en plus les gouvernants opportunistes. Voilà
pourquoi les ralliés entrent facilement, casent
leurs créatures dans la république d'où sont
exclus ceux qui veulent continuer l'œuvre de 89.
C'est ainsi que M. Le Prévost de Launay fit dépla-
cer le préfet des Côtes-du-Nord. Le préfet appli-
quait les lois de laïcisation.

Quelques ralliés, peut-on nous objecter, ont
accepté loyalement le principe républicain; nous
voulons bien admettre que parmi, le demi-cent de
députés réactionnaires qui ont accepté la constitution de 1875, il y ait d'honnêtes représentants qui
soient venus à la république sans arrière-pensée.
Mais pouvons-nous qualifier républicains des cléricaux dont l'idéal républicain consiste à modeler
la forme républicaine à l'instar de la constitution
du Paraguay gouverné par les jésuites ou à la
calquer sur la contexture de l'État de l'Équateur
baptisé république du Sacré Cœur de Jésus par
son président José Maria Caamano.

Il est vrai que l'assemblée réactionnaire et
nationale élue en février 1871 a préparé la France
à un baptême de ce genre en plaçant la ville de
Paris sous l'invocation du Sacré Cœur de Mont-

martre. Cette construction est devenue le temple de l'Internationale des jésuites : le 31 août 1897 sous prétexte de célébrer par un *Te Deum* le voyage de M. Félix Faure en Russie, le ban et l'arrière-ban des cléricaux de Paris assistèrent à une cérémonie présidée par un prêtre italien, les actions de grâce furent chantées en latin par un prêtre anglais, l'abbé Gaugham récemment débarqué du pays cafre.

Quelque temps auparavant le président des dockers le citoyen Tom Mann, lui aussi anglais et ancien député à la Chambre des communes, était venu à Paris dans le but de faire une conférence à la Bourse du travail. Le sujet qu'il devait développer était exclusivement corporatif. M. Barthou interdit la réunion et fit prendre le paquebot à l'ouvrier anglais.

Les républicains victimes du coup d'Etat peuvent avec de justes raisons comparer le régime que nous subissons à la république de 1851. A cette époque toutefois on disait couramment que la république ne pourrait pas s'acclimater en France, aussi cette idée répandue intervint parmi les causes qui firent admettre et supporter l'empire ; il paraît aujourd'hui que la forme du gouvernement n'est plus en cause. Pour le moment c'est fort possible ; mais la résistance qu'elle offre n'est pas une raison pour que nous fournissions à ses ennemis l'occasion de la renverser.

Si les ralliés continuent à empiéter et si les opportunistes se ternissent au point d'être confondus avec leurs ennemis d'hier les anciens monarchistes, bientôt la république n'existera plus que de nom. Faisons encore appel à l'histoire :

sous la présidence de Louis Bonaparte, la forme seule était républicaine, une telle démocratie a offert peu de résistance aux intrigues du neveu.

Sous un régime plus rapproché, sous le 16 mai, le principe même de la république a été mis en cause et difficilement a échappé aux machinations des hommes qui gouvernaient alors la France républicaine.

Parmi les arguments anti-cléricaux auxquels s'est attaqué un membre de l'Académie française et réactionnaire, l'évêque Perraud, nous prenons plaisir à citer celui qu'il a si bien formulé : « La démocratie française a-t-elle perdu le souvenir de cette néfaste journée du 16 mai 1877 dans laquelle elle a failli devenir la proie de la réaction monarchique forte de la complicité du clergé. »

Les réactionnaires sous la livrée monarchique, se posant en adversaires de la constitution Wallon n'ont pu ressaisir le pouvoir, redoutons toutefois que comme alliés du parti opportuniste ils ne s'imposent dans un ministère de concentration tardigrade. Par les services qu'ils peuvent rendre et rendent en apportant l'appoint de leurs voix à la politique opportuniste, les ralliés se savent indispensables et deviennent exigeants. Sous peine d'hostilité ou de renversement, les ministères opportunistes sont dans la nécessité de pactiser avec les nouveaux venus, l'on voit alors, selon l'expression de M. Ranc, les fils des croisés et les fils de Voltaire marcher la main dans la main.

Revenus au pouvoir, les cléricaux ne tenteront pas un coup d'État, mais l'intérêt de leur politique leur dictera un plan de conduite qui aboutira au même résultat : alimenter les mécontentements, repousser toutes réformes de façon à rendre la république |insupportable ; cette tâche leur sera facilitée par l'aide qu'apportent aux intrigants ces hommes à tout faire, victimes du milieu, de la société capitaliste dans laquelle ils se sont créés des besoins qui coûtent cher à satisfaire, c'est là le vrai motif, la genèse de toutes les trahisons des hommes du coup d'Etat. Vienne une nouvelle tourmente politique, l'âpreté des jouissances poussera dans la voie des trahisons des hommes appartenant aux mêmes catégories sociales d'individus, des hauts fonctionnaires, des magistrats, des policiers et puis des... membres de la grande famille muette à qui l'*auri sacra fames* aura délié la langue et acheté la conscience.

Après les fusillades traditionnelles, les ralliés diront aux puissances : « L'Ordre règne » et conduiront la république docile sous un de ces régimes définis par Royer-Collard : les tentes dressées pour le sommeil des peuples.

Ce n'est plus un pont qui unit les deux centres ; le fossé est comblé par un amas putride, cette masse en putréfaction est le vieux programme républicain dont les opportunistes ont fait litière et sur lequel piétine une majorité hybride.

Il y a vingt-cinq passés, M. Duvergier de Hauranne écrivait : « C'est un grand parti national qu'il faudrait essayer de fonder avec les débris des factions qui nous désolent (1). » Aujourd'hui M. Méline, M. Waldeck-Rousseau et M. le baron de Mackau battent le rappel des anciens partis bonapartiste et royaliste, ils les introduisent dans le

1. *Revue des Deux-Mondes*, 1er août 1872.

parti opportuniste en dissolution qui, loin d'être renforcé par cet appoint, ne se solidifie qu'en cristallisant dans un système dont les scories de la droite ont fourni le prototype. Le parti républicain opportuniste, autrefois parti d'opposition aux réactions, se contente maintenant de diriger sa politique vers le but commun des réactionnaires; les centres droit et gauche ont le même programme : faire échec aux idées démocratiques qui, malgré les obstacles et les trahisons font progresser l'humanité vers un mieux qui se dessine.

CONCLUSION

Pour atteindre la société où régneront enfin la liberté et la justice sociale, où l'administration des choses préoccupera plus que le gouvernement des hommes, il nous faut nous élever, monter encore. Notre route est hérissée de donjons que, pour la défense de la haute banque, entretient la société capitaliste; le cléricalisme est un de ces retranchements qui, quoique délabrés, couvrent les opérations de l'ennemi.

Voilà pourquoi le cléricalisme, miné déjà, doit sauter. Veillons, serrons les rangs, ne nous laissons pas déborder, ne nous contentons pas de garder la défensive, nos forces s'épuiseraient, préparons-nous à prendre demain l'offensive, c'est-à-dire à renverser ce fort avancé qui protège le camp retranché des agioteurs, spéculateurs et autres grands voleurs, les rois du jour.

TABLE DES MATIÈRES

Imprimerie Noizette et Cie, 8, rue Campagne-1re, Paris.